电力营销新零售

能力构建与实践

龙　禹　主　编

王锦志　丁　晓　副主编

中国电力出版社
CHINA ELECTRIC POWER PRESS

内 容 提 要

本书通过在传统商业中融入新零售思维，探索电网零售的全新定位，与读者一起理解学习这个时代的变化，改变大众对电力企业营销单一经营的固有印象，找到转型和创新的新方向。全书共五章：第一章从电商开始引出新零售，第二章思考电力企业数字化转型路径，第三章探寻宏观视角下的电力新零售，第四章勾画电力营销新零售蓝图，第五章与读者分享电网企业新零售实践中的优秀做法和成果等。

本书内容丰富，案例经典，可供电力营销专业人员以及对电力营销新零售感兴趣的读者学习参考。

图书在版编目（CIP）数据

电力营销新零售能力构建与实践／龙禹主编. —北京：中国电力出版社，2022.11

ISBN 978-7-5198-7003-4

Ⅰ.①电… Ⅱ.①龙… Ⅲ.①电力工业－市场营销学－中国 Ⅳ.① F426.61

中国版本图书馆 CIP 数据核字（2022）第 152295 号

出版发行：中国电力出版社

地　　址：北京市东城区北京站西街 19 号（邮政编码 100005）

网　　址：https：//www.cepp.sgcc.com.cn

责任编辑：刘丽平

责任校对：黄　蓓　常燕昆

装帧设计：郝晓燕

责任印制：石　雷

印　　刷：北京瑞禾彩色印刷有限公司

版　　次：2022 年 11 月第一版

印　　次：2022 年 11 月北京第一次印刷

开　　本：787 毫米 ×1092 毫米　16 开本

印　　张：13

字　　数：237 千字

印　　数：0001—3000 册

定　　价：80.00 元

编委会

前 言

目前，随着市场需求的不断更迭，电力营销正发生着一系列变革。国家电网公司在向能源产业价值链整合商、智能电网运营商及能源生态系统服务商转型的过程中，在为客户创造价值的同时努力提升在能源产业价值链的影响力、整合力。

在企业改革的进程中，电力新零售分步、分阶段实现转型升级，经历了由“智慧营业厅或客户体验厅”到“能源价值链服务中心”，最终实现“能源生态系统新零售中心”目标的过程。

国网宁波供电公司作为首个电力新零售示范营业厅于2019年12月建成，为客户提供电力新零售体验服务。该营业厅的新零售网店——宁波电宝商城在“网上国网”客户端的“e享家”专区正式上线，与线下实景展示体验的供电营业厅有机结合，为客户提供一站式便捷服务，标志着国家电网公司首家地市级新零售“线上+线下”双店模式的营业厅正式运行。营业厅包括“慧享+服务区”“臻享+服务区”“共享+服务区”“e享+体验区”和“创享+体验区”，进行基础服务升级和新型服务拓展，提供家用和公用一体化服务方案，同时实现高收益、低成本和低碳环保。

一个新零售消费的案例是消费者许先生在营业厅办理业务时被体验区的小风扇吸引，在引导员的帮助下使用手机扫二维码在“e享家”客户端的宁波电宝商城直接下单，在获得物美价廉商品的同时还收获了电费红包。宁波新零售双店模式的试点营业厅既为客户提供了智能家电体验、购买、售后服务，也提供了家电监测、用电管家、用电咨询等用电服务。

“新零售”打破电商平台的界限，融合线上线下优势，增加良性互动。国家电网公司打造的新零售双店体验营业厅，为客户提供提升服务，降低客户成本，同时提升了国家电网公司的服务范围和水平。

本书由国网江苏省电力有限公司和北京国网信通埃森哲信息技术有限公司共同编写，具体阐释电力行业转型背景，电力行业的新零售应该是什么样和未来方向。本书通过五章内容的循序渐进，由浅入深，以电商行业为突破口，来研究电力行业商品“人、货、场”的传递。

第一章是相识新零售，从电商开始引出新零售。早在2016年10月，马云和雷军便提出了“新零售”这一概念，利用物联网和互联网技术，引导生产制造，为消费者提供兼具多样化和个性化的服务。新零售与目前的国家发展战略相契合，能够解决生活中的痛点和问题，作为新的零售业态，呼应国家发展战略营运而生。

第二章是斟思新零售，介绍电力企业数字化转型。借助数字化，解决可再生能源高比例并网的难题，进行可再生能源发电的全息感知、智能分析及精准预测；支撑现代电力市场建设、国家发展战略落地，推动能源数据信息更加开放，助力市场透明监管；推动信息技术和能源技术融合，实现电力数据互联互通和智能分析，提升装备智能化水平，增强设备智能监测、远程运维和实时优化控制能力，推动能源技术创新发展；推动企业自主创新，在参与全球竞争中发挥支柱作用。

第三章是洞察新零售，聚焦宏观视角下的电力新零售。通过数据驱动和技术革新，利用泛零售和全渠道（线上+线下+物流）新形态，为消费者提供满足消费者需求的集购物、娱乐、社交多维一体的综合零售业态。

第四章是初践新零售，展示电力营销新零售蓝图。以便捷为核心，融合App、线上网厅、微信等渠道的便利和线下服务新零售体验中心的优势，重构消费场景、客户关系和消费体验，构建能源服务零售新格局，搭建线上线下相融合的电力零售新格局。实现一个电话、一次微信、一次上网搞定咨询、报障和办电，达到客户、企业、员工各方共赢。

第五章是电力营销新零售典型案例分析，介绍电网企业试点单位在新零售实践中的优秀做法和成果，供其他单位借鉴。

虽然每一个企业对于新零售的操作方式有所不同，但是新零售的本质只有一个，那就是：满足人性的需求！新零售就是更高效率的零售。

笔者将对商业效率的理解融入新零售概念，更好地帮助那些在新时代急剧变革中暂时找不到方向的焦虑的企业家和管理者，探索电网零售的全新定位，一起理解和学习这个时代的变化，改变社会公众对电力企业营销一直以来单一经营模式的固有印象，让社会公众知道电网企业将能源服务与电网企业挂钩这一新定位，找到自己或行业转型和创新的方向，而不是墨守成规。

由于编者水平有限，不免有疏漏不当之处，敬请广大读者批评指正。

编者

2022年9月

目录 CONTENTS

第二章　斟思新零售

第三章　洞察新零售

第五章　电力营销新零售典型案例分析

第一章
相识新零售

2016年10月的云栖大会过后，大家牢牢地记住了新零售，记住了“新五通一平”（新五通：是否通新零售、新制造、新金融、新技术、新能源；一平：是否能够提供一个公平竞争的创业环境）。

新零售是向全球的消费品和零售行业发出的一颗重要的信号弹。纯电商时代很快会结束，只有把线上、线下和物流有效地紧密结合在一起，才能诞生真正的新零售。

雷军在接受央视财经采访时曾说：“我们市场部考证了一下，好像全国第一个讲新零售的是我。”在雷军看来，不论先后，大家似乎都看到了新机遇。

小米之家表面上是一家线下的零售店，但本质上是雷军的新零售品牌布局，它是用互联网和电商的技术和方法做传统零售，让传统零售插上互联网的翅膀。利用互联网的高效率，让消费者用便宜的价格购得优质好货。小米之家是利用电商的科技手段来做线下零售店的一个典范，在战略上验证了新零售模式。

苏宁控股集团执行董事长张近东在2017年全国两会上做了题为《大力推动实体零售向智慧零售转型》的发言，指出未来的传统零售实体业态发展就是“智慧零售”。运用互联网、物联网技术新兴信息技术，感知行业消费行为习惯，预测长期消费趋势，引导生产制造，为广大行业消费者量身提供多样化、个性化的产品和服务。

网易集团董事局主席丁磊在2017两岸企业家紫金山峰会上发表题为《新时代、新消费、新模式》的主题演讲，首次明确提出“新消费”理念和“严选模式”。丁磊相信零售不可能离开消费者这个核心，一切零售形式的演变都源于对用户需求的理解。如果说新零售讨论的是零售的不同形态和场景，那么新消费需要着眼于消费者的消费观念和消费行为的转变。

2019年3月，在第十四届星创论坛上，弘章资本创始合伙人、零售领域的资深观察家翁怡诺发表题为《新零售新品牌的投资趋势》的演讲，提出所谓“新零售”是对流量方式的一种思考。在他看来，从传统零售到电商的出现，体现出流量碎片化的过程，正是消费者行为的变化，才使得获取流量的方式不断发生变化。为此，弘章资本针对新零售整理出一套逻辑：一方面，通过线下场景数字化获客，把流量上翻留存到工具中；另一方面要留存用户，建立自己的私域流量。

你或许还是不清楚新零售到底是什么，究竟怎样运作。实际上，新零售概念只是一个起点，并不意味着一切都有了答案。但可以确信的是，新零售不是凭空而来，更非当下一时的流行，而是在我国引领世界电子商务十余年之后，随着科学信息技术的发展及内外部环境的变化，对整个电子商务产品行为体系不断思考、自然而来的结果。

第一节　探寻零售新生代

一、为什么新零售值得探讨

零售连锁正逐渐变得越来越复杂，各类业态互相杂糅，新的商业场景不断出现，线上和线下流量不断地被重新分配，这已经是一个不断颠覆、迭代的疼痛时期，也已经成为一个持续创新、再生的充满希望的时期。

这个时代，有创新格局的中国现代企业家推动着商业模式的不断探索革新，为广大中国消费者和中国企业客户提供优质产品，创造有长线价值的企业生命体和产业链，从而诞生了新零售。而正处于商业模式变局中的企业家们也要保持更加宏大的格局和坚韧的性格，在困难与无助时能回到商业最根本的价值创造中去。回归到原点，也许是应对不确定性的最好途径。

聚焦国内零售业发展现状，可以清楚地看出，中国近期线上线下零售商家的发展均遭遇了一个瓶颈期：一方面受传统电商和店铺租赁影响，众多线下实体门店纷纷倒闭；另一方面，由于用户流量获取难、互联网红利逐渐消失、线上运营成本增加等诸多因素影响，线上商家的运营也困难重重。

在网络零售快速发展时期，线上和线下零售二者此消彼长，在线下零售企业的眼中，网络零售的迅速兴起已经彻底蚕食了既有的零售市场份额，网络零售商是其强劲的竞争者。伴随着互联网零售行业经济经历增速拐点之后，特别是伴随着新消费时代的来临，消费者对于体验性的需求进一步升级，慢慢开始从消费带动体验转变为以体验带动消费，新生代消费群体更加注重生活品质、时间价值和自我表达。实体零售商与网络零售商之间的关系正发生着微妙的改变。

“线上线下融合”不约而同地成为实体零售商与网络零售商共同的诉求。线上与线下零售渠道的关系由基本互斥转向深度融合，网络零售商与传统线下零售商间的关系已经从基本对立向相互协作和实现共赢转变。通过线上赋能，网络零售商为传统零售商提供线上流量与数据驱动的支撑；传统零售商为网络零售商提供更多的线下流量创新入口和线上业态整合升级的发展空间。同时，新商业基础设施初具规模，大数据、云计算、人工智能、物联网等新技术的广泛应用和快速发展，助推新的商业模式不断产生，新零售呼之欲出。

面对商业变局的巨大不确定性，无论多么优秀的企业家或投资人，都在做一个合乎商业判断的抉择，谁都没有绝对的把握和结论。在今天这个快速变化的世界里，从0到1的创新和创造并不是唯一的选择，特别是在中国，产业的快速整合是绝对的未来趋势，这时中小型的成长并购将逐渐成为主流。这种基于企业家基因的成长性并购在于创造出富有创意的垄断者，垄断创造的利润能给予规划长远未来的资本。零售领域的创意呼唤着创新与变革。

对于零售行业来说，2017年可以说是风起云涌的一年，在经历电商冲击蛰伏几年后，行业迎来转暖趋势，同时在新零售理念的带动下，互联网巨头阿里、腾讯、京东等带着资源和资本冲入线下，加速实体零售布局。

2016年10月阿里巴巴集团提出新零售战略后，通过内外双线并行的模式加速零售产业布局。集团内部先后依托盒马、银泰、零售通等项目探索不同方向、不同领域的零售方法论改进；集团外部通过增资入股等多种方式拿下三江购物、联华超市、新华都、高鑫零售等企业，积累零售资源，逐步进行一些改造落地的尝试（如以淘鲜达为依托对三江门店进行改造探索，和三江、新华都等共同出资联营了特定繁华地段的盒马鲜生），步伐相对较快。

在2017年7月京东提出第四次零售革命，提出“无界零售”的概念，表明京东完成理论体系建设。和阿里的新零售思想内核类似，京东开始把实体零售作为一个重要战场，着手进行了新通路百万便利店计划以及无人零售行业研究布局。在腾讯入股之后，永辉也作为其在零售领域的一个抓手，入股红旗连锁，增持中百集团，永辉也开始往智慧中台向外赋能的方向进发。

与此同时，在全球各大互联网零售龙头企业巨头的强力带动和引领下，传统零售企业、新兴创业企业也都积极开始进行新业态、新物种方面的技术探索和创新尝试，在创新型跨界超市、生鲜社区店、杂货店B2B、体验式专业连锁、无人零售等多领域已经初步产生了一些落地的成果，行业的持续发展使得创新活力不断加大。

泛生鲜跨界创新超市是新零售浪潮中最受关注的一个领域。2016年盒马鲜生开始带动这一领域，2017年，店仓一体化线上线下相结合的新零售模式基本稳定下来，其他一些线下零售企业在2017年陆续加入，效仿和改良盒马模式，陆续打造自己的新零售物种。打法基本类似，多具有试水属性，拓展速度比较慢。永辉打造的超级物种于2017年初开业并迅速扩张，依托永辉强大的生鲜供应链优势，在“生鲜+餐饮”的大框架下探索出自己的模式，是盒马强大的竞争对手。

生鲜社区店主打社区的超市小业态，也取得一定发展。由于这种业态下的中小型企业的成本较低，这一领域存在一些新兴创业公司。广州钱大妈、合肥的生鲜传奇都是深耕本土市场并在2017年获得新一轮融资，永辉云创孵化的生鲜社区店“永辉生活”也在一二线城市密集开店。

兴起于2014年左右的杂货店B2B（business to business）业务则瞄准了夫妻杂货店背后的万亿市场，本质是充分地利用SaaS（software as a service，软件即服务）系统及商品、数据、物流给小店赋能。京东的新通路和阿里巴巴的零售通均高调宣布百万小店建设计划，但未来发展如何依旧是未知数。杂货店业主的文化程度限制了其对新事物的接受程度，以自身利益为导向导致其忠诚度很低，而且这一细分领域除了巨头企业还有中商惠民、掌合天下、友阿微店等一批有竞争力的新玩家。

体验式专业连锁业态以2008年苹果体验店进入中国为标志，这种业态不以售卖商品为主要目标，而是以不断增强消费者使用体验为目来不断提升自己的企业品牌感和认同感，引流客户至线上渠道。苏宁在2015年开始云店的整体建设，对线下门店用户体验进行整体升级，京东和小米也在紧锣密鼓地布局线下体验店——京东之家和小米之家。互联网企业日益重视实体零售渠道。

无人零售（见图1-1）根据形态可以划分为三类：全封闭式自助售货机历史悠久，

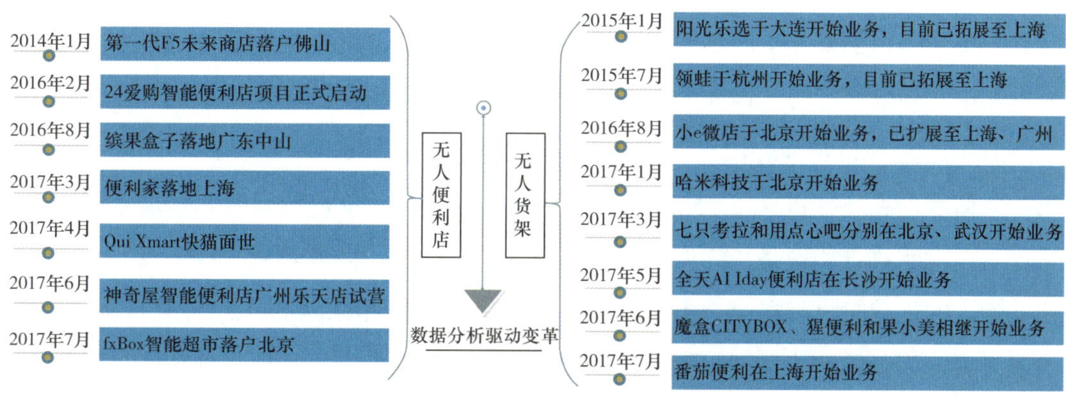

图1-1 无人零售

技术成熟，增长稳定，具有多元化属性；无人值守便利店由AmazonGo引发潮流，相关创业玩家也获得密集融资，但目前还存在一些技术、政策上的难题尚未得到彻底解决；无人看管货架方面，创业企业、现有独角兽企业和一些巨头企业都有入局，很多团队也都拥有非常不错的背景和资源。

新零售概念的提出揭示了零售行业的特性，展示了现今的挑战和未来的发展机会，因此在互联网和传统零售这两个领域掀起了一波又一波发展新零售的浪潮，受到业界和公众的持续关注。

二、新零售本质变了么

零售由向消费者销售用于个人、家庭或居住户消费所需商品和服务的商务活动组成。零售实质上是把最终付钱的人和货联系起来的场。场可能是场地，也可能是呼叫中心，还可能是拜访行为。

传统零售的模式是数量型的线性增长，已日益接近持续增长的边际。笔者相信，只有通过新零售技术和适合消费者变化的商业模式转型创新，才可能实现效率型的指数式增长，而这个变化往往需要非连续性的突变来实现。根据混沌大学创始人李善友所讲的非连续性理论，在认知革命中，最重要的一条理论便是非连续性。企业大多是单一曲线模型，它的使命在于坚守，即保持原有产品、业务、员工、市场以及过去能力的坚定信念。

跨进第二条曲线，就可能意味着我们已经完全伤害了第一条曲线。所以，如果想成为基业长青的公司，秘密只有一个：要尽快像一个市场竞争战的破坏者那样努力去直接打击和彻底毁灭自己，从单S曲线模型转向双S曲线模型。也就是说，大公司的技术将会变得更加复杂，产品将变得更加昂贵，利润将变得更加丰厚，开始出现性能过度。此时新上市的公司如果能从低端转型，重新进军到较高端，就有机会给自己带来成功。然而现实中，新公司都愿意跟大公司正面竞争，因为这个市场已被验证了是可行的。社会对于未知的这种畏难和恐惧已经超出了对于竞争者的畏惧。新零售就是这迅速崛起的第二条曲线。在新零售这条S曲线中，有两个关键点：一个是破局点，就是企业进入之后，可以大胆执行关键路径的位置；另一个则是极限点，盛极必衰的极限点。创业公司快速切入的最佳时机就在第一条曲线的极限点和第二条曲线的破局点之间。当旧的动能增长乏力，而新的动能异军突起，就很有可能为经济提供有力支持。种种迹象表明，创新零售不断推动新的发展，中国零售业正在经历一场脱胎换骨的转变。而推动第二条曲线的正是本书提到的企业家，这些人能否成功发展壮大，决定了中国零售业的新兴力量是否可以跨越过去。

零售业是伴随着人类文明诞生的，在人们知道要以物换物时，零售业就已经存在了。在零售业历史研究中，经济学家分别总结了零售业的三次革命：百货商店、连锁店以及超级购物中心的出现。而近年来，则逐渐兴起了第四次零售革命的概念。现代零售业业态发展与演变如图1–2所示。

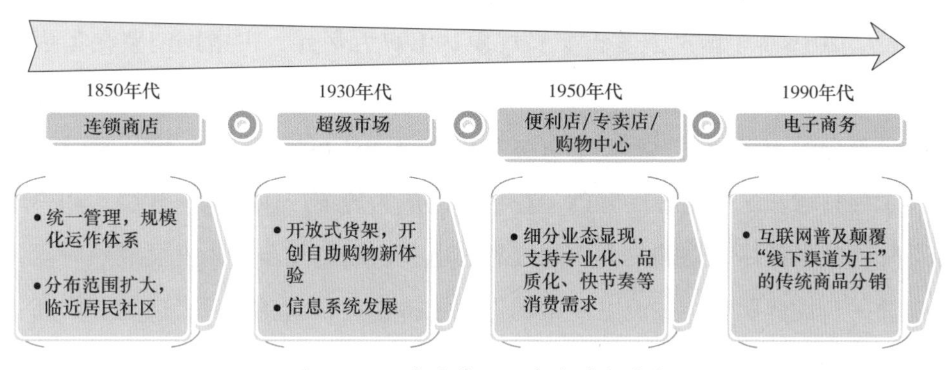

图1–2 现代零售业业态发展与演变

第一阶段，传统零售业（1850年以前）：由于技术的发展限制，工业化大规模生产尚未实现，因此传统零售业呈现为以杂货店和“前店后厂”的私人手工作坊为主导的传统零售业态。

第二阶段，现代零售业（1850～1990年）：随着工业革命的快速发展和各种商品实现大规模生产，1850年代出现了百货商店，以此为标志，传统零售业开始向现代零售业快速转型。其特征是多品类商品的集中陈列和规模化销售、系统化管理，采用连锁店方式来扩大布局，覆盖更广的消费者。其后，随着现代商业信息技术的不断发展和人们物质需求的提升，现代零售业又演变和发展出多种类型的零售业态，如1930年代出现的超级市场以开放式的零售货架，给消费者提供了自助选购商品的新体验；1950年代开始衍生出便利店、专卖店、购物中心等多种细分业态，从产品丰富性、品类专业度、产品品质、购物便捷性等维度全方位提升，紧随消费者购物需求和偏好的变化趋势。

第三阶段，电子商务（1990～2016年）：1990年代后，随着我国移动互联网的不断发展和迅速普及，电子商务在我国开始盛行，颠覆了“线下渠道为王”的传统商品分销，零售业从线下逐渐走往线上。线上渠道的发展使购物场所和时间都不再局限和固定，消费者在购物中具有更大的灵活性。同时，随着科技飞速进步、网络及智能手机的高度普及，移动端购物自2010年开始爆发式增长，手机成为消费者接触市场最重要的媒介，成为驱动电子商务的新增长动力。普华永道2017年全零售研究报告显示，被调研的消费者（*N*=905）中，约52%的受访者每周至少使用移动端进行网购一次，40%的受访者认为自己每周至少使用PC端进行网购一次。另外，线上线下购物渠道从互为独立、相互竞争的关系逐步发展为线上线下界限逐渐模糊、全渠道深度融合的关系。新零售由此诞生。

伴随着零售业的发展，B2C（business to consumer）电商在不断吃掉实体零售的一块块大蛋糕，2016年中国网上零售交易规模达4.97万亿元，占中国消费品零售总额的14.95%。中国的传统电商服务行业刚刚发展的时候两极分化非常严重，一些电商巨头完全垄断了大部分的市场利润，而剩下90%的电商企业还在苦苦挣扎。目前看来，B2C电商在经历了疯狂增长之后也开始触到天花板，已成为传统产业，增速放缓，用户增长速度逐步下降，基本耗尽移动购物人口的红利。电商市场正逐步进入发展成熟阶段，第一梯队的电商平台优势明显，主流电商市场份额维持稳定，而新进入者门槛非常高。各种品类的垂直电商、农村电商、社交电商、微商、跨境电商、网红电商、直播电商等也只能查漏补缺。电商已进入战场打扫阶段。显然，实体店仍然是主要消费场景。即便现在的市场发生了巨大转变，我们仍需要重新认识实体店的价值。实体店份额仍然占据中国社会消费品零售总额的85%，是大众消费者进行情感宣泄的一个重要线下消费场所。实体店在经过B2C电商的侵袭后，再次成为兵家必争之地。但未来的实体店将不再是简单的售货场所，而是集商品的自提中心、配送中心及顾客的社交中心、体验中心为一体的场所，实体零售的内在逻辑将发生本质变化。然而，一些业绩优秀的实体连锁企业正在经历一次非连续性的严重下滑。2017年美国已发生9起零售店破产事件，包括运动用品零售商SportsAuthority和连锁平价鞋店Payless等，代表了一个旧时代的结束。零售战争、转型、关店潮、倒闭潮、裁员潮、资金链断裂、股价暴跌，甚至破产等正在零售业的舞台上频繁上演，但我们看到，新零售正在走来。

第四阶段，新零售（2016年至今）：2016年，新零售成为热点话题，开始席卷各个消费品细分行业，带来了巨大的变革性影响。以盒马鲜生、超级物种为代表的零售企业纷纷试水新零售，不断推动新零售发展成熟。

零售业态的第四次革命可以再细分为三类：第一类即互联网时代的电商，代表是阿里巴巴、京东等巨头，时间要求在1～3天内，适合标准化的大众商品；第二类是在移动互联网时代所兴起的以最后3公里配送为核心的饿了么、美团等对及时性要求非常高的O2O（online to offline）平台，其更适合餐饮类产品，但也会逐渐拓展到更多品类；第三类则为通过物联网改造线下零售基础设施的新线下零售，带来的是传统线下零售体验感的进一步提升，比如无需排队支付等，着力于解决消费者或者厂家痛点的变革。零售业态的四次革命及第四次革命的细分领域如表1-1所示。

表1-1　　零售业态的四次革命及第四次革命的细分领域

时间	业态类型	零售革命	成本/效率	体验
1852年	百货商店	第一次	大批量生产，效率提升，价格降低	柜台陈列，购物更便捷
1859年	连锁商店	第二次	通过统一化管理和销售规模化，实现成本和效率再次升级	选址在居民区附近，更加便捷
1930年	超级市场	第三次	现代化IT系统，提高流通速度和周转效率	开架销售，自我服务
1990年	电子商务（互联网时代）		颠覆传统多级分销体系，降低分销成本	虚拟空间不受空间的限制，商品多样化
2013年	O2O（移动互联网时代）	第四次	人工配送，成本增加	在家、公司消费，进一步提升了购物的便捷性
2016年	新线下零售（以物联网等技术改善基础设施）		降低人工成本，同时优化技术成本	通过人脸自动支付等手段提高消费体验

2016年新零售概念在业内引起了诸多争论，新零售的崛起有一个重要的时代背景，叫好和看衰的都大有人在。移动互联网经历了5年的高速发展，流量红利期已经过去，移动电商和线下零售已形成竞争平衡期。某些电商品类，如3C、服装等，已经占据市场绝对优势。某些极其复杂、非标准化的品类，如生鲜电商，则是在花费了大量资金之后几乎无法获得成功的案例，而线下零售小业态也在以强大的生命力努力实现逆袭。大家终于不再简单地相信电商将完全统治零售、不再坚持唯电商论。其实无论是线下新业态连锁零售还是B2C老电商，都要关注流量成本以及转化率。过去零售连锁业的逻辑是“人去找物”，而B2C电商的逻辑“货去找人”。随着线上流量成本越来越高，双向流量成为可能，特别是从线下获得流量，并将之引导到线上消费。消费者既可以为了某些体验去实体店，也可以通过App实现门店端到家里的商品配送。当然，不是所有品类都可以实现这种双向流量，特别是将线下流量导入线上，这其中有非常重要的品类逻辑和品牌认知力量。过去，传统零售始终无法做到将到店顾客数据

化，形成有价值的消费者持续沟通的场景。新零售则实现了从客户、物流到支付等环节的全链条数字化，帮助品牌围绕产品进行策划和研发，实现柔性化产品设计和生产。这是一个全新的零售世界。

综上，从行业发展阶段来看，可将零售按照进化历程分为传统零售业、OMO、电子商务及新零售四个阶段，如图1–3所示。

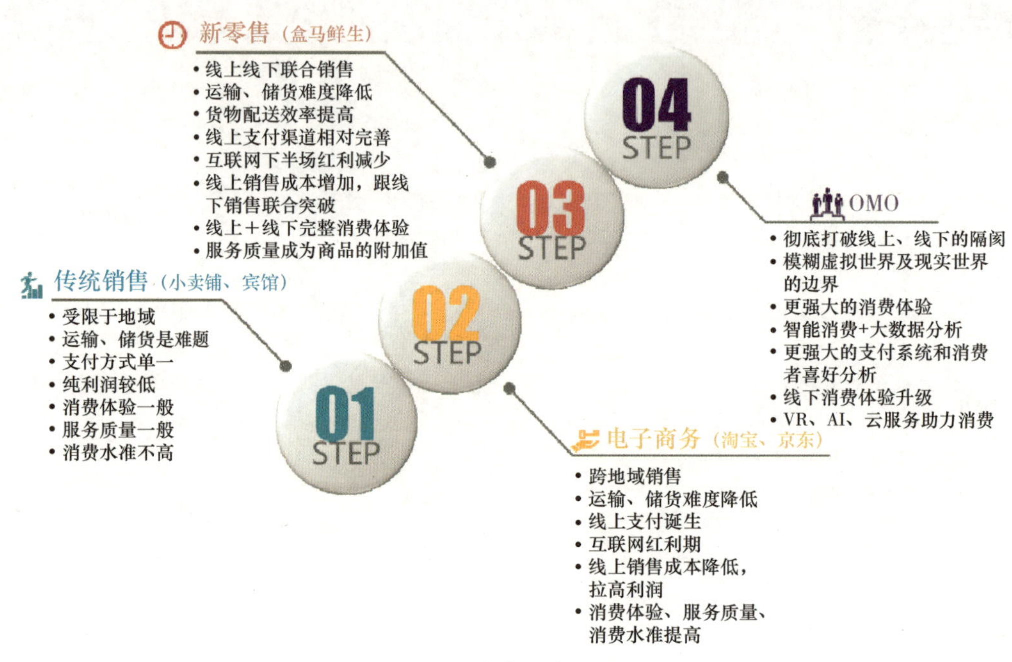

图1–3　零售的进化历程

此外，从商务属性上来看，中国零售行业分为单平台模式和全平台模式，如图1–4所示。

综上，从零售产业的升级态势角度来看，零售业态的本质并未改变，始终是围绕着效率、成本和体验感在不断演化升级。自零售行业诞生开始，它的发展史就是一部提升用户体验和效率的变革史，每一步发展都伴随着效率、成本和用户体验这三个最核心的要素，每一次的新兴商业模式颠覆传统商业模式的原因不外乎用户体验、成本、效率做得更好。简单地说，新零售就是利用层出不穷的新技术及不断更新的用户体验来改造零售业态。

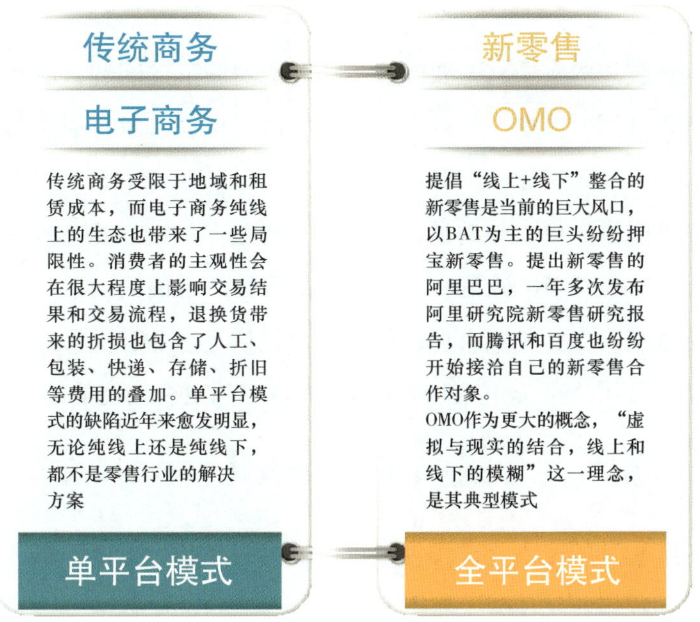

图1-4 中国零售业模式

三、新零售引发的改变

新零售的发展促使社会、经济、行业以及消费者衍生了许多改变，新零售的来临也打破了很多传统的零售模式，产生了新零售模式。那么新零售到底给我们带来了哪些改变呢?

(一)社会层面：新零售助力国家发展战略落地

新零售作为一种新型零售业态，解决了经济发展和社会生活中的痛点，毫无疑问，这是与国家发展战略相契合的，甚至是为了协同呼应国家发展战略而产生的。

以国家推动的供给侧结构改革为例。2015年，中央经济工作会议基于当前阶段我国供给侧存在的“低端产能过剩、优质有效供给不足、企业运营成本高”等问题，决定将深入推进供给侧结构性改革作为适应和引领我国经济发展新常态的重大创新，明确了供给侧结构性改革的工作思路、基本路径及“三去一补一降”[1]五大任务。身为“供给侧”的现代零售业，正处在中高端消费者的崛起和消费行为改变的大环境中，传统的零售业存在“优质有效供给不足”等困境，从而造成了“消费抑制”与“需求溢出”同时

[1] “三去一补一降”是指去产能、去库存、去杠杆、降成本、补短板。

出现的现象。

供给侧结构性改革的实质就是要改变生产和消费脱节的问题，而新零售也就是为此而产生的。新零售利用大数据、云计算等技术手段，可以有效打通产品设计、制造、物流和销售等环节，实现定制化生产和按需制造，满足顾客的个性化需求，帮助传统零售业解决面对的各种问题。更重要的是，新零售实现线上和线下的有机融合，为顾客创造极致的个性化体验，消费者购物从物质的满足上升为心理的愉悦。如，盒马鲜生不是超市、便利店和餐饮店，也不是菜市场，但却兼容包括上述业态提供的所有功能，是“餐饮+超市+便利店+菜市场+海鲜市场+电商+物流”的复合功能体。

（二）经济层面：新零售推动城市现代化发展

中国正在持续推进的城市化进程为零售业的兴起和壮大提供了舞台，带动着零售业不断发展。同时，零售业又反哺了城市的兴旺。

新零售带动城市实体商业的繁荣。2015年，以华润万家、天虹、万达等为代表的百货超市业态纷纷出现营业额下滑。中国连锁经营协会的数据显示，2015年连锁百强企业销售增幅下滑4.3%，净利润仅1.8%。然而，随着传统商超的新零售改造成果逐步呈现，实体店再次呈现繁荣景象。由于阿里巴巴集团的赋能改造，一直处于增长下滑状态的银泰百货销售量在短时间内实现了迅猛的大幅反弹。2018年天猫6·18期间，全集团销售额实现翻番，其中主推的“定时达”服务环比增长超过50%。

新零售的快速崛起，为各级政府部门贡献了数目可观的税收。以阿里巴巴为例，其纳税额从2012年日均1000万元发展到2016年日均1亿元，5年间增长10倍。依托天猫新零售平台发展起来的商家，也创造了大量的税收。据统计，在许多地方，排名前20的纳税大户里面有很多是天猫商家。以新零售典型代表品牌“三只松鼠”为例，该品牌于2012年在天猫开始孵化，2013～2016年的税收贡献分别为12万元、600万元、4300万元和1.5亿元，已经成为当地的纳税大户。

新零售为城市解决了大量的就业，尤其是吸纳更多年轻优秀人才的进驻。2013～2016年，服务业就业人员年均增长5.1%，高出全国就业人员年均增速4.8个百分点。新零售作为零售业，带动了传统就业岗位的增加。目前在阿里巴巴新零售平台内，内容电商从业者数量已经超过100万人。与此同时，新零售作为一个新兴行业，诞生了电商主播、“淘女郎”、设计师、机器人饲养员、数据采集等新型就业岗位。

此外，新零售甚至带动某些城市新概念的诞生。在一定意义上，新零售的发展程度已成为衡量一个城市现代化程度和宜居水平的重要指标。盒马鲜生诞生之时，由于其利用了线上线下与现代物流技术的完美融合，给消费者带来生鲜商品3公里半径、最快30分钟免费快递到家的极致服务体验，因此诞生了“盒区房”概念。

（三）行业层面：新零售推动零售行业“百花齐放”

中国的零售行业正处于关键转型阶段，迎来前所未有的机遇与挑战，线上巨头积极加盟，线下龙头企业也纷纷加入转型，零售行业已经进入自我改造和快捷更迭的新阶段。智慧零售的“革命性”不仅体现在数字化和新技术的应用，还对技术创新与商业模式变革提出了更高的要求，体现在业态演变、场景重塑、营销链路、供应链融合、数据运用等诸多方面。整个行业的每一个环节都在发生着深刻的变化，而这些变化积聚起来，就构成了“智慧零售”的完整图景。零售业的这一次变革必然会给当今中国的消费业发展带来巨大的机遇，无论是零售商还是品牌商都会在这一历史性机遇中找到自己的位置，寻找到破解这个巨变时代的商业密码。

在过去的O2O时代，“人工智能+大数据”发挥了重要的赋能作用。如滴滴出行，就是使用人工智能算法帮助司机规划路线，规划车辆调度。随着人工智能更多地走进实体世界，AI算法将在全方位打通线上线下的过程中发挥更大的作用。未来，便利店、超市、诊所、娱乐场所等都会更加“线上化”，线下服务有线上的便利，线上服务也有线下的体验和服务。可以预见，未来的零售将更加人性化、可视化、全渠道化、数据化和无边界化。

1.消费者从“人以群分”到“千人千面”

“80后”“90后”“00后”正逐渐发展成为中国市场的核心消费群体。科尔尼咨询公司在2017年进行的未来消费者研究结果表明，这些中国新生代消费者自我意识更强，而消费态度和行为也更加个性化。同时，中国年轻消费者日益重视环保、公益等独特的品牌价值诉求，对国产大品牌的认可度远高于以往数代消费者，国产大品牌的上升趋势看好。年轻消费者更重视购物过程体验，希望与品牌商及零售商建立信任感和亲密感，对社交媒体营销信息的接受度也明显更加开放、正面。在社交媒体上针对消费者个性需求提升影响力方面，产品和服务提供商拥有更大的发挥空间。

2.数字科技贯穿消费全旅程

随着AR/VR、物联网、大数据、人工智能等新技术日益成熟。部分领先的零售企业已着手应用这些数字科技来提升消费者购物体验，同时降低成本。例如，利用人工智能技术，结合摄像头、智能货架、移动支付等技术，店铺能够对消费者的产品偏好、外貌特征、情绪变化、消费记录等进行汇总，实现线下流量的数据化。

3. 线上线下界限模糊、加速融合

伴随移动互联网和智能终端的普及应用，消费者能够更自如地在线下实体店和数字渠道之间转换，查看产品信息、比较产品质量和价格，最后做出购买决策并分享信息。线上线下从对立到融合正在时时发生。线上线下的融合包含多种体验模式：①从线上到线下，线上交易线下体验或线上引流线下交易；②从线下到线上，用户在线下扫描二维码，再到线上进行交易；③线下→线上→线下，通过线下营销，在线上完成交易，最后到线下完成消费体验。零售商和品牌商成功的关键是如何提高每个接触点在消费者心目中的价值，而不在于通过线上销售还是线下销售。实体零售与线上电商不再是对抗关系，而是走向融合与协作。

4. 数据驱动运营升级

大数据和人工智能等技术的成熟运用，让零售更智能化。从用户识别、用户触达到用户服务，所有的商品、用户和消费行为均可以实现数字化。在传统经营中加入互联网的运营思路，帮助经营者挖掘更大的价值空间。进行全产业链条的数据收集与分析，打通电商、实体店的供应链、仓储、数据，形成一体化管理，同时强化用户体验的概念，从流量中心向用户中心转型。

（四）消费者层面：新零售满足用户的个性化需求

中国消费者群体正在成为一股影响世界的力量。随着消费者越来越成熟，越来越挑剔，普遍性的市场增长时代逐渐走向末日。消费形态正从购买产品到购买服务、从大众产品到高端商品转变。消费者开始增加提升生活品质及体验的开支，消费对象从大众产品向高端产品升级，购物不仅是“买买买”，而是寻求基于商品、服务所营造的体验感。在新零售时代，购物的本质是购买一种消费体验；新零售的本质是体验式经济。

新零售已经逐渐成为应对消费升级的整体解决方案。消费升级首先是对品质的提升，消费者要求买得好、买得方便，要轻松地购买性价比高的商品，这就对供给侧提出要求——“提品质、增品种”。麦肯锡的调查报告显示，50%的中国消费者声称自己追求最优质最昂贵的产品，高端产品的品类增速已经超过了大众产品和价值型产品的品类。然而，国际品牌依然主导着高端产品市场格局，本土品牌商对高端产品市场的渗透仍属有限，尤其是在3C、高档日化用品、运动产品、高级轿车、高端运动和时尚品等领域，国际品牌仍有着不可撼动的地位。每年数千万中国游客出境旅游，带动着全球高端商品消费。国人的进口消费已经逐渐呈现出常态化、精致化、品质化、内容化的趋势。

新零售借助互联网、大数据、现代化的全球物流，能够轻松实现全球热门商品的选择、采购，整合全球供应链，打造全球一站式的购物平台和购物环境。同时，新零售也给消费者创造了一种选择：在同品同质同价的基础上，消费者可以选择实体店体验，也可以选择线上下单实现购买，提升消费品质的同时节省消费时间，让人们可以有更多的时间用于社交、家人陪伴，做更有意义的事，真正实现消费者购物体验升级。

第二节　新零售现象

一、生鲜超市的新零售

盒马鲜生以线上线下融合和业态创新为主要经营特征，打通线上线下，为消费者提供高品质、场景化、及时便捷的泛生鲜解决方案。就经营模式而言，盒马鲜生区别于传统生鲜零售渠道和纯线上生鲜电商，采用门店（食品超市+生鲜餐饮）+线上模式，为消费者提供服务。

传统超市O2O店内分拣效率就非常低，因为动线设计是要增加顾客在门店的停留时间，接触更多商品。生鲜运营的难点是物流成本高，为降低成本，需要采购共享、客流订单共享、仓储系统共享。单纯的生鲜B2C电商模式已逐渐被证明是不可持续的，一是在于冷链物流成本很高，这属于商业模式天然的缺陷，牛奶、蔬菜、面包、水果这些居民日常高频商品，因为流量成本太高，客单价低，不能覆盖物流成本；二是B2C生鲜电商短保质期的商品损耗难以降低，导致品类数量少，只能够卖一些高价商品。盒马鲜生通过顶层设计思维，想要解决B2C生鲜电商的核心问题。盒马鲜生在4000平方米以上的购物环境中，设置了生熟联动的30%～40%的餐饮区。盒马鲜生不只是一家门店，还包括一个支持线上营销的物流配送中心。仓店一体既是门店，又是仓库。无疑，这是一家线下实体门店，而实时电子价签显示线下与线上价格同步，表明其有着强烈互联网基因。餐饮区赋予消费者良好的购物体验，消费者体验感良好后又能通过App实现电商销售。因而，新零售就是看上去见过，但又不同于以往的商业模式。2016年1月，盒马鲜生在上海金桥广场开设了第一家门店，面积4500平方米，迅速实现年平效5万元。1

年多后，上海的门店数量迅速增加，并已经扩张至其他大城市。

新零售的核心在于线上和线下的深度融合，更好地准确把握和抓住年轻消费者的痛点，并以此来构建整个新的商业系统。新零售的目标群体是“80后”和“90后”，他们的生活场景和上一代人有很大差别，因而消费习惯大不相同。在家做饭已经不是必需的，所以超市供应的应该是小包装，甚至搭配好的半成品，新鲜又方便。传统零售商无法避免客群老龄化的问题，对价格敏感的客户不利于零售商消费升级。顾客消费能力减弱，商超传统的收入来源，如店铺租金也会同步减少。成本降低，服务体验和消费环境也在降级。针对这些问题，盒马鲜生设计的关键业绩指标有以下三条：

（1）线上销售的单数必须要超出线下的单数，因为再建一家传统连锁店是毫无意义的。

（2）3公里内线上订单数量需要做到每日5000单以上。

（3）线下购物要为线上销售引流。以“吃”品类为主的全渠道体验店，整合线上和线下的双向流量。

仓储作业前置，门店和物流仓储共享物流基础设施，自动化物流设备部署在店内进行自动分拣，基本能够实现3公里内30分钟送达的服务承诺。

盒马鲜生顶层设计的服务宗旨之一就是不断降低配送到家的物流成本，提供全品类生鲜商品服务。门店里铺设了全自动的商品悬挂链条和物流分拣系统，可以在第一时间分拣顾客需要的商品，送到后场出货。后场是一个交织的商品线上传送系统，传送线上的保温袋在各自的配送路径上行进，把商品传送到分拣台统一配送。门店里有冷藏库、冰库等各种特色生鲜冷链，保证货品“新鲜每一刻”。盒马鲜生共计3000多种商品，包括肉类、南北干货、米面油粮、水产、水果、烘焙、熟食、烧烤以及日料、精品百货、鲜花等，以满足人们日常生活使用要求。

餐饮是最好的低成本体验流量来源，同时是一个天然的社交场景。体验方面，盒马鲜生学习了意大利的Eataly超市及中国台湾上引水产的模式。消费者选购了海鲜等食材后，可以在多个餐饮品类和餐饮区直接加工，即时享用。该模式提升了到店客流的转化率和线下体验，将生鲜品类和餐饮制作深度结合，解决了生鲜损耗的难题。消费者到店需要下载盒马鲜生App，绑定支付宝即成为会员，盒马鲜生构建了一个更加真实立体的客户数据库。通过电子价签等新技术手段，可以保证盒马鲜生线上线下价格统一，最终保证顾客在App下单后30分钟送达。

盒马鲜生还在不断地完善品类，未来将会在平台上推出SOS（日常紧急救援）商品频道、C2B（customer to business）预购频道和其他更多自有品牌。新零售是新的顶层设计，需要重构一整套零售体系，包括商品规划、物流、支付、服务与体验以及信息系统和团队等。统一会员、库存、价格、营销，最终实现双向导流。

总之，可以把盒马鲜生模式当作阿里巴巴提出的新零售的理论检验，它还在不断自我迭代、创新进化。2017年3月，阿里研究院正式给出了新零售的概念：以消费者体验为中心的数据驱动的泛零售形态。零售的本质是无时无刻为消费者提供超出期望的"内容"。根据阿里报告表述，新零售区别于以往所有的零售变革，它将结合数据与商业逻辑，实现消费方式逆向牵引生产变革。它改变传统零售业态，优化资产配置，重塑价值链，引领消费升级，创造高效企业，催生新型服务商，形成零售新业态。

关于新零售，我们相信核心的出发点就是要通过新的科技手段和方法去真正实现对商品（控货）、交易方式（渠道）、用户购买体验等的全面改造，更高效、也更友好地完成整个消费流程。

二、家电百货的新零售

苏宁控股集团有限公司（简称苏宁）1990年创立于南京，经过26年的快速稳步发展，目前已被认可为中国领先商业零售企业，名列中国民营企业前三强，员工18万人，拥有两家上市公司，分别是苏宁云商和乐购仕。苏宁始终秉承"引领产业生态、共创品质生活"的企业使命，不断拓展，形成苏宁易购、苏宁物流、苏宁金融、苏宁科技、苏宁置业、苏宁文创、苏宁体育、苏宁投资八大产业协同发展的局面。

苏宁的发展历经三个阶段：创业期（1990～1999年），苏宁立足于空调产品专营，拥有一支专门从事售后服务的人才队伍，销售量也持续快速增长，向家用综合配电系统和连锁式经营模式转型；第一次转型（2000～2009年），确立贯彻执行综合家用电器企业全国连锁的二次企业创新发展总方针，发展综合电器全国连锁；第二次转型（2010年至现在），苏宁易购正式上线和运营，立足于世界级的总部平台，启动第三个十年发展规划，全面改革转型科技智慧苏宁。

2017年12月19日，苏宁在智慧零售大开发战略暨合作伙伴签约仪式上宣布，苏宁互联网门店未来3年将增至2万家，以"租、建、并、购、联"的模式，和合作伙伴一道，共同致力于打造全场景互联、多业态齐发的共赢局面。

苏宁首提"全场景零售"，实现全业态、全场景布局。自2009年，苏宁步入线上线下全场景布局的道路，收购日本免税门店LAOX，并购红孩子，投资PPTV聚力，孵化苏宁小店、零售云以及苏宁拼购。2019年，为搭建整个用户的消费场景、购物场景、体验场景，希望通过业态、场景以及各个业务层面的深度融合给用户提供更好的体验，苏宁收购万达百货以及家乐福中国80%股权，补充百货和快消业务板块，形成了囊括线上平台、线上自营、线下专业店、百货店、便利店、商超的苏宁全渠道零售生态版图，至此苏宁已经完成全场景零售布局。

（一）线上线下融合，打造全场景零售模式

线上线下融合。线上主要是苏宁易购主站、App、微信小程序等，每天成交数以亿计的商品；线下各类型的智慧门店形成了“两大（苏宁广场、苏宁易购广场）、两小（苏宁小店、零售云店）、多专（苏宁易购云店、红孩子、苏鲜生、苏宁体育、苏宁影城、苏宁极物、苏宁易购汽车超市等）”的智慧零售业态产品族群。

全场景零售是指用户、技术、服务、产品和链接。不论是新零售或者是无界零售，更多的还只是停留在传统的概念性研发阶段，而苏宁已经基本完成全场景布局，从城市到乡镇和农村，从个人到企业用户，从家电、商超、百货到娱乐休闲、内容服务、生活服务。

垂直服务领域完成布局。在商超方面，苏宁拥有家乐福大卖场和苏鲜生精品超市；在社区便利方面，苏宁拥有苏宁小店、迪亚天天、OK便利店；在母婴、体育、汽车、娱乐休闲等专业领域方面，苏宁拥有红孩子、苏宁体育店等诸多专门产品，并紧紧围绕着普通家庭消费者的日常生活需求为其提供一系列的生活娱乐服务。

零售生态内部布局。家乐福与苏宁小店内部联动最深，将布局于核心位置的210家门店设置为前置仓，满足周边3公里顾客的线上订单需要，苏宁小店则深入各个商业社区，提供商品销售及家居配套生活服务。

构建“1小时场景生活圈”。因苏宁小店通常在社区，通过依托布局在城市核心位置的家乐福构建1小时场景生活圈，对苏宁来说是非常好的场景补充。

（二）物流新布局，助力智慧零售全场景服务

1.物流新布局

截至2019年一季度，苏宁拥有13个全国物流中心、47个区域物流心、21904个末端快递网点、465个城市配送中心，苏宁仓储总面积达964万平方米，同时依托全国4500多家门店、5500多个帮客家，服务可触达县镇用户。“1小时服务圈”覆盖全国15

万以上社区、90%以上城市的用户。在技术上，苏宁研发的乐高、天眼、天机三大平台为物流全链路提供技术支持。6・18期间苏宁在南京雨花物流基地上线测试新一代无人仓，结果显示，测试拣选效率达到600件/小时，商品可以在20分钟内出库，单件商品拣选成本降低52%，相较传统人工拣选效率提升5倍。

2.物流智慧零售全场景服务

物流智慧零售全场景服务包括供应链全链路和末端全触达两个方面。

供应链全链路可以帮助商户与用户实现货物到仓、到店、到家的服务，渠道进一步向县镇、社区下沉。到仓是供应链全链路的第一个服务场景；到店服务则面向广大B端，围绕线下苏宁门店的市场配送资源，为广大商户探寻到店配送服务解决方案；到家是一个非常重视用户体验的场景，可为用户提供多种服务。

末端物流全触达是指社区物流、生活帮、乡镇物流三大末端解决方案。依托全国6000多个苏宁小店提供3公里范围半小时、1小时送达的配送服务，苏宁秒达服务属于社区物流，并逐渐涵盖快消、咖啡、鲜花、蛋糕等各商业形态。“生活帮”是为社区消费者提供包裹代收代寄、家电清洗、回收和维修等家庭生活方面的一站式服务。此外，苏宁帮客县镇服务中心在一年内已经在全国完成了1000家门店建设。

（三）苏宁“新零售”典型案例

1.苏宁小店

（1）“千店千面”，向不同用户提供差异化商品。在苏宁的新店开张规划中，电器用品店只占了4%，90%的苏宁新店属于便利店和中小型零售店，苏宁小店占比约为30%。用时不到两年，苏宁小店已经覆盖70多个城市，布局到了社区、中央商务区（CBD）、学校、企业、交通枢纽等场景，具备了一定的规模优势。不同于传统便利店，苏宁小店改变了以往所有门店商品品类相同的方式，而是根据用户画像，实现“千店千面”。简单总结起来可以分为以下五种新的店铺运营模式：

1）80～200m^2社区店，主要面对居民和家庭日常生活，侧重一日三餐，蔬果、生鲜、食品以及非食日用品；

2）60～200m^2的CBD店，主要面对大型企业内白领以及有一定市场消费力和经济实力的中产用户，加强高档热食、生鲜和便携式生鲜速食的配置；

3）20～200m^2的大客流店，主要针对城市地铁、学校和公立医院等特殊场景，配置针对客户群体的商品；

4）无人货架，主要放置在白领办公室；

5）自助购物机，主要放置在无法开店的大客流区域，例如在医院、商场、地铁通过商品售卖和广告获取收益。

（2）采用O2O运营模式，实现线上线下一体化。在产品运营上，苏宁小店主要采取O2O的方式。除客户到店购物外，还可以从线上购买商品再到门店自提，或选择送货上门。以后，苏宁小店还可以提供定制化服务，比如共享充电宝、雨伞、水电缴费、电器维修等，甚至还可以提供快递、金融等服务。

（3）打通最后100米，提供贴心服务。通过物流配送，让消费者在缺乏采购时间的工作日也能在短时间内收到商品，如新鲜的蔬果、熟食等。苏宁自身的供应链为“最快8分钟送达”的口号提供支撑。产业链中，苏宁本身拥有线上商超，苏宁物流配送体系也是一道保障，投资的易果生鲜可以提供生鲜供应链。生鲜方面，苏宁易购拥有100多个海外直采基地，在国内一二线主流城市拥有多个加工中心、46个常温仓和43个全国冷链仓。

2.苏宁biu店——苏宁小店的升级版

2019年3月5日，在苏宁的南京总部，“概念店”——苏宁小店biu×24h店开业了。白天，这是一家普通的苏宁小店，晚上十点至第二天早上七点，变身成为一家夜间无人店。夜间的无人店期间，小店除了提供生鲜、百货、生活家电等之外，还配置有在线客服和实时行为追踪、商品识别、监控数据展示等。消费者凭会员码进门，选购商品后通过自动收银机结账。如果订单支付失败，系统会将信息同步到店长手机端，以便及时追溯。

3.苏鲜生：餐饮+零售

苏鲜生是苏宁集团一家“餐饮+零售”、线上线下一体化运营的新零售品牌。苏鲜生在北京的首店——八里庄店的2480平方米面积内，就辟出了700平方米面积用于餐饮、堂食。引入“七号码头”进行活海鲜售卖及现场加工堂食。

4.苏宁极物：以海鲜为主题打造新零售模式餐厅

苏宁极物第一家店在南京开业，这是继苏宁biu店、苏鲜生及苏宁小店之后，苏宁孵化出的另一个智慧零售新物种。门店共两层，占地面积400平方米。一楼设置智能生活、个性家居和集网红、美学生活、原创设计师、咖啡、茶令、创意空间为一体的原创空间明星店；二楼打造以海鲜为主题的新零售模式餐厅，主营海鲜、水果、日配、饮料等品类，提供海鲜现场加工、寿司、刺身、铁板烧等餐饮服务。苏宁极物提供与消费者匹配的高性价比商品，甄选自苏宁优质的供应链，聘请专业的买手团队研究、分析用户喜好进行采购。

三、快消餐饮的新零售

良品铺子成立于2006年，2012年启动了电子商务，和互联网的发展节点十分吻合，该有的过程都经历过。良品铺子是做零食的，从成立之初到现在，良品铺子做了四件事。

（1）进行消费者研究，洞察细分用户市场和产品。细分是指对顾客需求的细分，通过市场预估和消费者反馈，获得第一手的结果。如：消费者爱吃什么，哪些成交是因为促销而引起的？哪些成交真正来自消费者复购？

（2）进行零食产品开发和商品标准制定。每次研发一个新产品都要做两个指标：一是理化指标，通过实验室的化验，把所有的成分进行指标标准化；二是感官指标，零食此前一个最大的问题是没有建立完整的感官指标。

（3）建立供应链全程质量管理体系标准与监控。坚持直接与消费者沟通，以更深的洞察来理解消费者到底偏好什么。零食行业品类繁多，且受市场影响波动比较大。这就需要充分了解行业市场变化，根据消费者的独特需求，因地制宜设计产品链，进行差异化定位。同时，立足产业现状，重点在质量管控标准上下功夫，制定供应链全程质量管控标准和每个产品的配方、感官和理化指标和验收标准，保证全程质量可控。

（4）通过全渠道终端直接对话顾客，了解顾客切实需求。消费者在食品方面的需求主要两个；冲动性消费和品类多样性。良品铺子的门店战略是密集型布局，一个省会城市一般布局300家左右门店。如果门店开少了，消费者不会专门为某一家店走很远。这即为基于消费者和行业特点所形成的布局。

在新零售时代，无论新模式还是旧模式，商业模式能否健康发展在很大程度上依赖于其产品。商业模式本身就是一个很灵活的东西，今天是新零售，明天可能会换成一个新词汇，与早期的O2O、全渠道一样，其实一直都在发生着变化。但本质问题无非两点：一是如何抓住商业本质，二是如何做好产品本身。所以，良品铺子从客户角度出发，强调品质和服务的企业核心理念从未动摇过。

四、物流跨界的新零售

物流行业也是新零售的追随者之一，如顺丰速运凭借公司较为雄厚的实力以及强大的物流体系进军零售行业。

顺丰速运旗下的顺丰优选依托线上电商平台与线下社区门店，为用户提供全球优质美食。从2012年开始孕育，定位于中高端生鲜市场，实现产地直采，采用预售模式，利用航空物流将新鲜食品及时送到消费者手里，顺丰优选也在不断扩充和丰富着产品品类和服务。

（一）产品特色

（1）专业采购，严格甄选。顺丰优选强调食品安全与优良品质，力求将购物体验的各个环节都做到最好。其所有的美食采购团队均来自大型跨国公司，部分人员具备CIPS，即英国皇家采购师职业资格认证。

（2）完备仓储，高效流程。顺丰优选北京仓储中心建筑占地面积8000m^2，配备专业的多温控区间仓库，可满足冷冻、冷藏、常温和恒温恒湿商品的储存要求。同时，全球最领先的WMS仓储管理系统为产品流通提供了最坚实的支持保障。

（3）冷链直达，贴心服务。优选专业先进的全程冷链仓储设备，保证商品到达用户手中仍十分新鲜；包装设计精美，保证配送商品品质细节完善，提供良好的客户购物体验。

（二）核心能力

（1）仓储优势。顺丰优选已开通华东、华北、华南三个综合型仓储中心，内部配备专业的多温控区间仓库，满足仓储要求；同时，依托全球领先、具备高效订单处理能力的WMS仓储管理系统，保障产品流程顺利进行。

（2）物流优势。对于生鲜电商，冷链物流体系的建立和完善是真正的关键。拥有至少15万名派送员以及20多架飞机的顺丰速运， 在冷链方面摸索了一年，让优选在华东、华南进行了冷链仓储准备后又在广州买下普洛斯多功能库房，覆盖除港澳台之外的中国所有大区共57个城市。

（3）直采优势。顺丰集团现有在职职工18万人，拥有自营飞机20多架。顺丰快递业务和营业网点遍布港澳台、日本、新加坡、韩国、马来西亚及美国。强大的运力储备资源和业务覆盖范围，帮助顺丰优选从严格选品到报关报检、从航空陆路运输到送达用户，快速高效完成产地直采。

（三）经营模式

（1）主导思想明确。顺丰优选致力于做中高端食品。顺丰优选不仅仅是生鲜电商，生鲜只是顺丰优选的品类之一，是顺丰优选非常重要的一个战略性分类。

（2）差异化营销。顺丰优选很少打价格战，而是不断深化服务和强调品质，致力于差异化营销。定位于别人不敢进入的食品生鲜领域，力求开辟一条全新的电商品质道路。顺丰优选创立了大型食品仓储基地，配送过程中可以任意选择采用常温、冷冻、冷藏三种配送方式，确保将最新鲜的商品第一时间送到消费者手中，因此顺丰优选被誉为“中国电商业的海底捞”。

综上，顺丰优选的策略就是精准的定位、优质的配送条件、良好的物流基础、广阔的市场前景、顺应时代的战略计划。在中国电商服务企业日益增多的今天，它已经拥有了自己的独特性，并且能够更加合理和有条件地去发展和开辟一条崭新的中国电商之路。

五、其他新零售

（一）京东

2017年，京东对新零售做出战略判断——无界零售，京东将自身的大量资源、技术和服务能力进行模块化（见图1–5），通过模块对外展开服务，以开放、互生、再生、共生的理念进行产业布局，转型为“零售+零售基础设施服务商”，重新定义成本、效率和体验。未来，京东将全面服务合作伙伴，从一体化走向一体化的开放，在无界零售的场景下进行价值创造。

图1–5　京东的新零售布局

目前，京东集团业务已涉及零售、健康、保险、物流地产、数字科技、物流、云计算、AI和海外等领域，其中零售、数字科技、物流是核心。

1.业务模式

京东无界零售的本质在于：以基础设施结合新技术提高一切可能提升的运营环节效率，推动数字化、智能化经营，提高消费者的生活效率。

（1）智慧门店。以消费者需求为导向，以IT为抓手，为品牌商和零售商提供包括物流、云计算、供应链在内的基础设施能力，支持模块化输出，帮助京东门店打通线上线下会员数据。利用SaaS软件打通门店线上线下的会员信息、会员积分、库存、交易数据，统一线上线下会员权益，统一线上线下库存。

（2）智慧供应链。提升智慧选品、计划、补货和动态定价等技术能力，实现零售“五好”：一是好商品，“系统智能”让客户在众多商品里选择并找到最优的商品组合；二是好价格，动态调整价格，利用不同的营销组合实现不同的商业诉求，进行自动定价；三是好计划，根据历史销售数据可预先制定营销、销售、补货计划，预测未来一个月、一个季度销售数字，把销售计划拆分到不同的商品组合、SKU（stock keeping unit，库存量单位）组合和不同的价格段组合；四是好库存，京东管理了几百万SKU，超过50%为自动补货；五是好协同，向所有品牌商、供应商开放京东的供应链系统的使用功能，提高协同效率，实现商品周转和销量双提升。

（3）智慧物流。探索用无人化科技来优化成本、效率和用户体验，利用无人车、无人机和无人仓实现履约自动化。无人机，最后一公里的运输，已在边远的地区实现无人化试运营，并已和西安市政府达成了深度合作。无人车，京东在清华等大学开始了无人车的试运营，基本可实现全程无人化运营。以后京东将投入更多无人化资源，进行更大规模的商业化测试。无人仓，作为京东的核心竞争力之一，在建立亚洲一号的时候，京东已使用了交叉带、堆垛机等自动化设备，以达成“双11”“6·18”大促的高效履约配合。目前，京东已经部署了很多小机器人，来实现无人化的运输和分拣。无人店，京东已布局了无人超市、无人便利店、无人售货机等各种无人业态。

（4）智慧金融。开放金融能力，赋能行业伙伴。一是京东金融，包括先进的网络支付系统、消费金融（如分期支付产品：京东白条）、征信风控能力、供应链金融服务、金融云等。二是平台生态，累计服务20万以上小微企业，累计放款近5000亿元，与400多家银行、60多家保险公司和100多家基金公司合作。三是风控能力，通过500多个风控模型、5000多个风险策略和30000多个风控变量，为3亿以上用户提供信用风险评估。四是一体化赋能，打开各项业务间的强耦合关系，将各项能力“积木化”。

2.典型案例

（1）7FRESH。

7FRESH是京东第一家线上线下一体化的生鲜食品超市，是京东打通线上线下、实现全渠道零售的重要布局，京东将7FRESH定义为无界零售的重要抓手。

2018年1月4日，7FRESH第一家门店在北京开业。2018年12月，京东生鲜并入7FRESH，这标志着7FRESH的运营完全纳入到了京东的发展框架内，加深了京东生鲜板块供应链、渠道等资源的共享程度，线上及线下的全渠道运营被进一步打通。京东7FRESH的新业态于2019年5月30日对外公布，由生鲜超市升级为MSSM（meal solution supermarket），为客户提供全方位的美食解决方案，店名更改为“七鲜”。业态升级后的第一家超市是北京首创奥特莱斯店。

1）产品定位。7FRESH主打生鲜产品，实施差异化配置。以生鲜类产品为切入口，线下体验区按“超市+餐饮”模式运营，店内的商品包括水产、果蔬、餐饮烘焙等新鲜食品，以及母婴、酒水、零食等日常百货。店内SKU达到5000~8000个，生鲜美食占比超过70%。

2）客群定位。7FRESH以中产阶级为主，打造多元经营业态。生鲜具有消费频率较高、刚需且稳定等特点，7FRESH的主要客群集中在一二线城市，不同于盒马的高端客群定位，7FRESH将目标客户扩大到中产阶级，这有利于争揽到更多的客户，进一步为线上客户的引流奠定客户基础。截止到2020年，7FRESH在全国范围内已开设了16家门店，覆盖区域包括华东、华北、华南、华中及西南地区。

在具体的客群选择上，7FRESH主要以社区居民及办公室白领一族为目标客户群，门店的选择也多以商业区或办公区集聚的商圈为主。针对不同的客户群体，7FRESH采用不同的业态模式、配置不同的产品结构来最大程度地进行差异化运营。目前，7FRESH试验中的主要经营业态有两种（见表1-2）：对于社区居民，7FRESH打造以“七鲜生活”为主的社区超市，为客户提供可以解决一日三餐的产品以及食材和熟食；对于办公室白领人群，7FRESH推出“七范”，为客户提供高品质的简餐以满足上班族的就餐需求。

表1-2　　7FRESH的两种经营业态

业态	面积	服务场景	目标客群	特点
七鲜生活	200 ~ 300m^2	社区	社区居民	社区超市，满足社区居民的一日三餐需求
七范	600 ~ 1000m^2	写字楼、商业区	商务白领	以提供高品质的简餐为主，满足上班族对于时间和品质的双重需求

（2）京东新通路。2018年3月20日，京东新通路联合亿滋、益海嘉里、旺旺、苏盐集团、北京移动等多家知名企业联合发布了“京东新通路无界零售战略”，宣布启动升级联合仓配、智慧门店和智能动销等多项业务。

1）供应链升级：联合仓配全面提升通路效率。2017年，为满足B端订单需要，京东开始规划设立第四张物流网——B2B物流网。作为对京东现有B端专属物流的补充，在一体化的开放原则下，京东新通路推出一套全新的仓配解决方案，与品牌商、渠道商共建联合仓配体系。扩充之后的联合仓配体系“密度更大、覆盖更广、下沉更深”，基本覆盖全国各大城市，最低能够下沉到镇一级市场。每个联合仓覆盖服务半径3 ~ 5km，从城市到乡镇，解决了低线零售市场货源少、调货慢的问题。

2）场景升级：京东便利店将成无界生活的支点。与目前大部分零售业态不同，京东便利店除了能销售店面陈列的商品外，还可以代售京东线上的商品；构筑零售即服务生态，提供金融服务、商业服务、生活服务、公益服务等增值业务模块。

在空间场景拓展上，京东便利店已经进驻学校、火车站、酒店、加油站、高速服务区、运营商营业厅和政府办公楼等场景，根据不同的场景属性做到“千店千面”。

（二）小米

小米是新零售中一个特殊案例，其他企业商家都是从线下转入线上，并做到线上线下打通，而小米则是从纯线上打入线下，并且做到整合。在新零售方向上，小米作出如下尝试：

- 线下体验店开通和线下客服结合；
- 开通属于自己的小程序，成为使用量较多商城小程序之一，入榜阿拉丁小程序排行榜TOP200；
- 硬件与MIUI（米柚）相结合，小米的用户社群保持着极高的活跃度，超过2000万用户通过线上社群实现管理；
- 自媒体平台（微博、微信公众号）拥有自己的媒体矩阵，粉丝超过2000万。

新零售是小米的渠道战略，致力于提升产品流通环节的效率。小米作为互联网企业，成长初期充分享受线上低成本流量的渠道红利。2016年以后，流量红利褪去，品牌竞争更加剧烈。生态链产品线的拓展，一方面使得小米品牌定位从“互联网高性价比极客”发展到“国民科技生活”品牌，另一方面使全渠道的综合性价比优势重新显现。

无论呈现形式是怎样的，新零售都是对人、货、场的重构，其实质是技术推动的全渠道融合和数据化运营，提升效率。小米生态高性价比产品策略的推广，既需要在产品生产环节聚焦核心痛点打造爆款，也需要在优化流通和推广环节实现产品全链路高效运营。从聚焦线上到全渠道布局，小米一直在追求极致效率。

小米充分整合自身优势，打造围绕智能生活的家庭场景体验自营专卖店。

小米之家是3C品类全渠道运营的一项重要探索实践。2017年11月，小米之家首家旗舰店在深圳开业。

在门店定位和拓展策略方面，门店定位于产品体验推广，但具有更强的销售属性，门店面积较小，不支持产品售后服务，选址以核心/社区商圈购物中心为主，密集开店，门店SKU数约为200～300个，涵盖小米及生态链公司全系列爆款及主打新品。

在产品定价和盈利策略方面，追求高性价比，以智能硬件搭建生态体系，以服务变现用户价值。由于产品定价亲民，硬件单品盈利能力较为有限。小米核心手机产品单价利润仅为2美元，门店产品的销售毛利率仅为8%～10%。

小米之家新零售的核心方法论是将零售拆解为四步八大战略，并将每一步都做到极致。

（1）流量。流量即客流，小米之家在选址方面，与优衣库、星巴克、无印良品等快时尚和休闲品牌对标开店，相互引流。

（2）转化率。消费转化率提升的核心是产品具有足够的吸引力。小米强调极致爆款，产品本身具有很强的消费吸引力。此外，门店上架SKU筛选基于线上销售数据积累，促进门店客流高消费转化。

（3）客单价。客单价的提升需要通过提升消费量实现。小米生态体系产品外观设计统一，技术功能关联互通，连带销售乃至整体套购比例高。

（4）复购率。想要提升复购率，既要强化品牌认知，还需要提供便捷的购买渠道。小米一贯坚持高性价比，并进行线上线下立体传播。通过全渠道布局，小米产品可以满足用户随时随地的消费需要。

综上，线下小米之家的成功表明线下零售业态在数据化运营后效率提升的空间巨大；而线上线下业态的分工各有侧重，相互引流，则反映了零售行业全渠道融合的可行性。

（三）网易严选

网易创新自营ODM（original design manufacturing，原始设计制造）模式应对消费升级，网易严选于2016年4月上线，是网易旗下自营生活家居品牌，深度贯彻执行“好的生活，没那么贵”的品牌理念。与ODM制造商直接合作进行采购，在打造全闭环模式的同时减少中间环节，建立高性价比优势。同时，从挖掘消费需求出发，全程把控工艺生产环节质量，为消费者提供好价格、好商品和好服务。

网易严选CEO柳晓刚表示，“从一开始严选的业务规划就十分清晰，线下布局也早在规划之中，主要包括与外部平台联合做品牌空间和自己的线下品牌店两个方面。”积极布局线下的目的，一是强化用户体验，沟通品牌与用户，在竞争中取得优势；二是将线下作为新零售的试验，线下业务布局输出指导和数据模型。

从2017年开始，网易严选开始与亚朵酒店、有家民宿建立合作，打开线下突破口，并且在购物体验、智能结算、线上线下一体化上一起发力。2018年12月18日，网易严选首家线下店正式开业，50%是商品陈列区，根据生活场景的不同布置了卧室、客厅、餐厅和厨房来展示商品；50%为深度场景体验区，为消费者带来沉浸式购物体验。

亚朵网易严选酒店是网易与亚朵酒店联手设计打造的场景电商酒店，通过住宿与购物一体化的形式提升消费者的购物体验，进行消费升级。酒店房间中家居用品均来自网易严选，并可通过扫描物品上的二维码进行购买，既能让消费者真正感受商品的品质、陈设、功能等，又能随时下单选购，线上线下完美融合贯通。另外，在酒店大堂等处设置严选线下体验店，陈列的商品可以立刻购买带走，也可免费上门配送，更为方便的是，退换货也可以去酒店办理。

案例分享：“Watsons+网易严选”生活美学馆

2019年1月19日，网易严选与屈臣氏合作的“Watsons+网易严选”新零售门店在广州正式开业。双方通过探索电商新物种与连锁零售商的优势互补，实现两个品牌核心品类相互补充、行业影响力同步提升以及线上与线下双向赋能。这家店使用的是时下流行的生活馆模式，合作店内的选品分别来自屈臣氏和网易严选的核心热门产品，店内设置购物体验区，配备专业产品咨询师帮助顾客了解产品。

1.结合大数据，落地智慧零售，打造“新中产生活样板间”

网易严选有近2万款商品，用户超10亿。品牌价值渗透是网易严选开启线下店的重要原因，此次落地不仅是严选首家线下门店，也是品牌在线下的一家样板店。

（1）结合大数据陈列货品。严选店内超千个选品都是基于网易严选后台的销售数据，同时根据门店商圈客群属性所定，上架商品均严格执行“好的生活，没那么贵”品牌理念，通过对核心商圈客户属性的调查，精选了线上热销的商品，如行李箱、珐琅锅、颈枕、鲜果冻等在严选App里好评超过2万条的爆品。

（2）一体化智慧零售。网易严选背靠网易多年沉淀的互联网力量。在首家店的筹备阶段，严选技术团队全力打造了一体化零售体系，通过前后端零售管理系统，实现线下线上的价格、会员账号、库存数据、售后服务的全面互通。

1）价格一致：严选首店利用汉朔电子价签，实现线上与线下价格的实时同步。消费者扫描二维码，便可看到商品所有线上信息。商品体积偏大的，消费者直接可以从线上下单，物流配送到家。

2）订单同步：严选线下线上系统可以实现订单同步、权益共通、售后无后顾之忧。

3）库存互通：线下店可以与严选大仓的库存互通，若线下店内缺少库存，顾客可以线上购买并选择快速送货的服务。

4）智能导购：网易严选配有智能化导购体验。

（3）注重场景体验。网易严选线下店十分重视场景体验，约50%的面积被用来搭建体验区，消费者可以在其中看到厨房、衣帽间、卧室、餐厅、客厅、卫生间、婴儿房7大空间场景。

2.线上线下一体化布局，精准客群与自有品牌加速弯道超车

网易严选主要客群是25～35岁刚组建家庭的用户群，打造“新中产”的性价比——好生活不贵这一核心理念，建立配套的商品、供应链和业务体系。

网易严选通过开发自有品牌向用户推荐、展现一个富于吸引力但不昂贵的生活方式。通过减少中间环节让利消费者，同时提升品质，最终提高性价比。

3.满足美好生活的期待：升级供应链+原创设计

网易严选打造美好生活的手段有升级供应链和增强自主设计能力。类似IKEA、UNIQLO、NITORI等热门品牌，用商品、场景和营销作为传递美好生活的载体，满足用户物质需求，提供安全又有品质的商品，利用场景和营销与用户产生情感上的连接，倡导简约、舒适、有品质的生活。

（1）改造升级供应链。推动生产变革，增加对产品设计的话语权；严格筛选供应商、严管生产质检流程，把控品质。推动流通变革，跳过中间商，缩短产销环节。

（2）加码原创设计。严选认为，提高竞争优势需要增强自主设计和研发能力，主张原创设计制造商。产品质量堪比大牌，价格却很亲民，因此深受品质用户喜爱。

第三节　新零售方法论

一、新零售没有固定的定义

对于新零售的理解，笔者搜集整理了一些供大家参考，如表1-3所示。

表1-3　关于新零售的理解

社会各界	对新零售的理解
阿里巴巴	新零售是基于互联网思维和科技，通过整合线上、线下和物流，全面改革和升级现有社会零售，使商品生产、流通和服务过程更高效
小米	新零售的本质是改善效率，通过产品升级，释放消费者的购买需求
苏宁	新零售背景下，物联网和互联网结合，感知消费者、预测消费趋势、引导生产制造，提供多样化，个性化服务
京东	第四次零售革命下，基础设施变得可塑化、智能化、协同化，实现成本、效率和体验的升级
海尔电商	新零售是企业和用户的融合，为消费者提供最佳的消费体验，实现定制化解决方案，颠覆现有制造体系
商务部	新零售是以消费者体验为中心，以行业降本增效为目的，以技术创新为驱动的要素全面更新的零售
学术界	新零售是指未来电子商务平台将会消失，线上、线下和物流结合在一起，产生的一种经营业务模式，即“线上+线下+物流”。线上是指云平台，线下是指零售门店或制造商，强物流将库存降到最低，减少囤货量，其核心是以消费者为中心的会员、支付、库存、服务等数据的全面打通

根据表1-3，我们可以认为：新零售是为提升消费者体验为核心的经营模式重塑，通过数据驱动、场景打造、价值链重组等手段改善用户体验并创新零售业态。

对于新零售这件事情，不断尝试新业态、运用新技术、部署新设备等是实力雄厚的大企业的普遍打法。由于实力强大、资源能力较强，所以这类企业有底气持续试错，直到找准节奏。所以，新零售的准确定义是什么，不同的行业、不同的企业、甚至同一企业的不同发展阶段都有着不同的定义和实现路径。大家都在探索或勾画着自己的新零售蓝图。新零售，就是更高效率的零售。

二、如何实现新零售

随着消费习惯与商业环境的变化，企业正在或主动或被动地面临着转变。那么，究竟如何把握新零售时代机遇从而制胜市场呢？笔者认为，“人—货—场”这个影响销售的三大要素是亘古不变的，变的是新零售时代，在信息技术推动下，传统三要素发生了重构，核心已然回归到“人”这个本质上，就是我们一直说的“以用户为中心”，重点在于经营“人”；“货”不再单单是一个商品，而更多的是强调“产品+服务”，更注重用户体验；“场”也不再是固定的场所、卖场，而是鲜活的、充满智慧的场景，能引人入胜、获得良好体验的服务感知，确切的说就是能够将“人”和“货”更好的联系起来。

那么如何做到更好的经营“人”呢？首先就要有用户思维，要了解用户，感知他的需求，才能更好更精准地直达其内心的诉求，进而在整个消费旅程中通过打造专属化场景来提供更专业、更贴心的产品和服务。这一点在普华永道“三步走”方法论里也有体现。“三步走”即：通过数据驱动识别消费需求；分解消费旅程，探寻各环节潜在解决方案；整合资源能力，形成新零售业态转型综合方案，如图1–6所示。

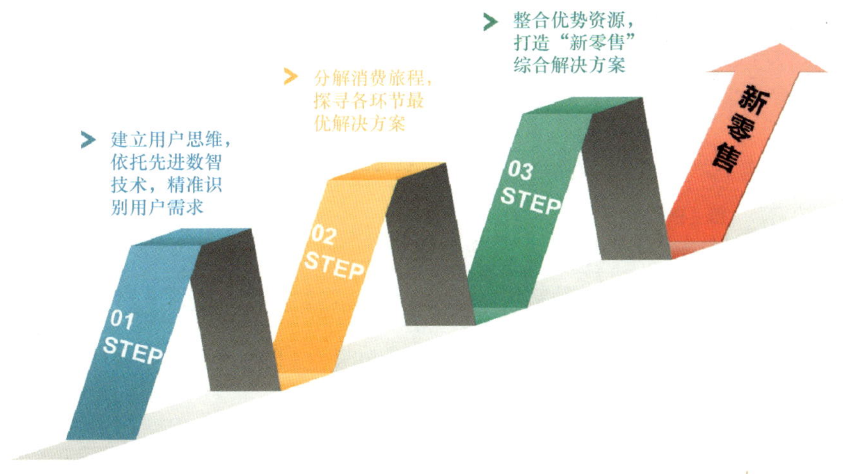

图1–6 新零售“三步走”方法论

此外，在销售的转化过程中，消费者对购物方式的选择和对产品的选择一样重要。消费者倾向于在购物体验最优的渠道进行购物，因此企业必须思考如何推进全渠道，进而占据消费场景、提升销售转化率。

德勤曾提出企业需要设计不同类型的零售渠道及服务来满足消费者多样化的购物需求。通过自建和合作等形式，帮助企业设计多业态的零售渠道是赢得竞争的必然手段。

那么，要推进全渠道战略，笔者认为就要将企业资源按照消费者的需求重组和布局，由以库存为中心转变为以消费者为中心（见图1-7），供应链应围绕“连接消费者”和“提升运营、服务”而展开，在解决“货”的问题的同时，与“人”和“场”不断深入融合。

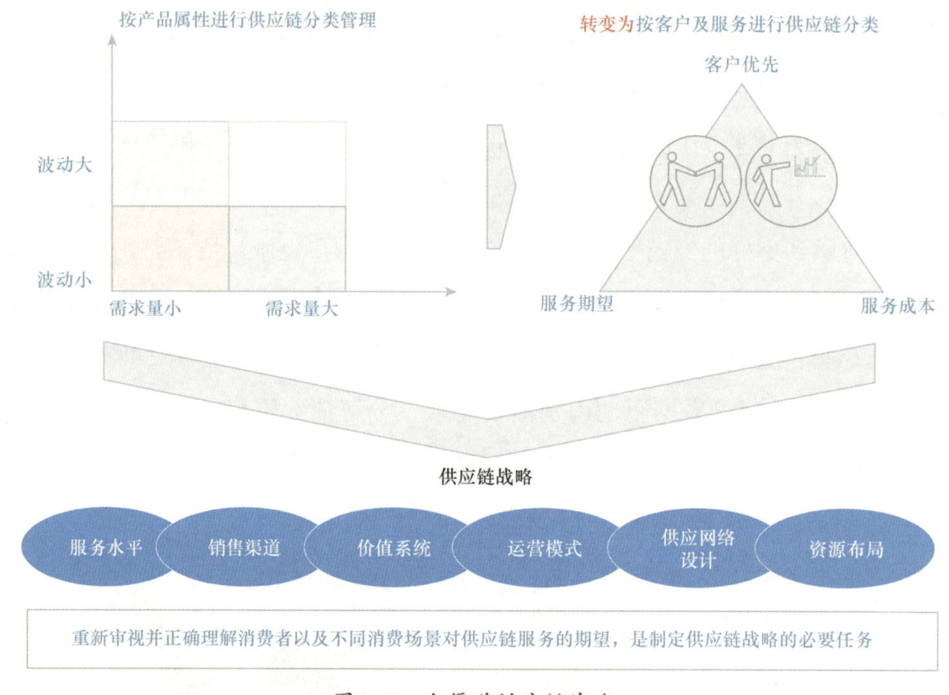

图1-7　全渠道供应链战略

总之，新零售时代，渠道的界限将越来越模糊化，消费者时刻活跃在线上线下相结合的场景中，因此，如何突破渠道和业态壁垒，实现线上线下卖场与人、货的融合，争取在更多场景中与消费者的互动，进而让终端消费者享受到极致的购物体验，将是提高流量和转化率的关键所在，也是企业赢得竞争的一大法宝。

第四节　新零售特点

从新零售的发展情况来看，本节主要从流量、消费者、运营、场景四方面来阐述新零售的特点。

一、流量

传统零售吸引客流、抓住顾客的办法主要有投放各类硬广告、举办小区商圈活动、用会员卡与预付费留住客户、打折促销等，往往都是告诉顾客品牌有多么强、店里要搞活动了、又有什么新产品了、打折促销力度超级大等等。

新零售的引流获客方法并没有产生颠覆性的变化，广告和活动继续做，变化的是它的内容，比如活动的创意、广告的创意；渠道的选择也有变化，基于数据分析向精准投放看齐；新零售要求线上线下协同造势引流，两条腿走路，顾客在哪里，营销就可以做到哪里，取代了以前单一单调的营销思维。

线上线下融合运营，比如太古汇推出的线上线下融合的尊贵会员计划。融合方式是会员在商场完成3次任务，解锁一个线上标签。同时，会员必须在线上兑换礼品，但需要前往实体店换领，以此将线上流量引至线下。

还有粉丝运营，把到店客户与分散在各渠道上的目标客户通过会员系统和微信公众号、社群等方式沉淀为规模化的粉丝群，运营并激活粉丝，进而推动产生复购。

可以看出，新零售模式解决了传统营销线上线下相互割裂的问题，如图1–8所示。

运营流量是将线下客流转化成线上可识别运营的流量。把线下的客流转变为线上可洞察、可识别、可触达、可服务的流量。如三只松鼠，实行电子价签同款同价，将消费者引流回线上购物。为了减少物流和仓储成本，松鼠投食店的商品拟将进行限购，并且在每个货架下设置电子价牌，可在几十秒内将显示价格更新至最新的渠道价格，极大程度上确保了同款同价。顾客在体验店内看到心仪的商品时可通过三只松鼠App扫描电子价签上的二维码加入购物车，这样就将线下顾客巧妙引流回线上消费。

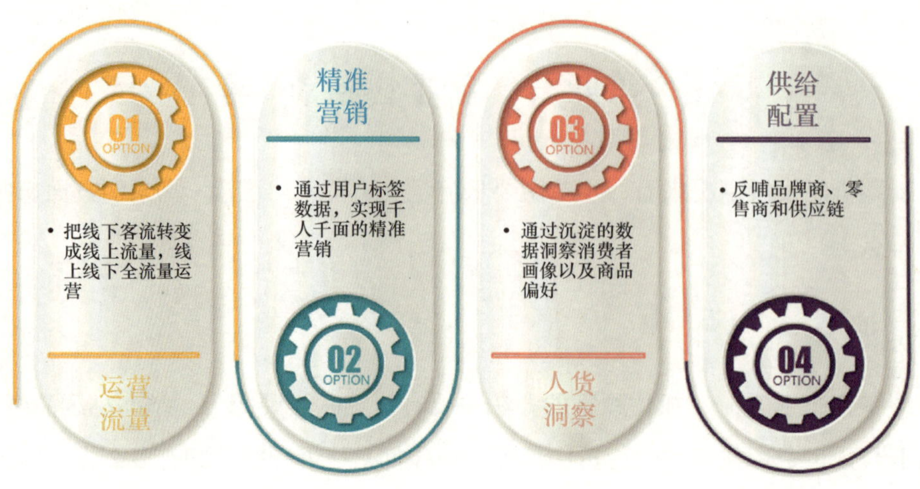

图1-8　新零售的线上、线下融合运营

二、消费者

互联网电子商务的发展逐步影响和改变着商业零售企业的运营思维，企业间的竞争从店铺区位、店铺数量、核心商家等转移到用户，围绕用户需求提供产品与服务，与此同时，消费者的消费习惯也在发生着巨大的改变。

消费升级下，“80后”“90后”“00后”逐渐成为消费主体。更高的收入、文化和理念的发展，使得他们具有独特的消费理念，呈现出个性化、社交化、口碑化、品质化、娱乐化、品牌化的特点。

显然，新消费者是理性的（见图1-9），不崇洋，不从众，有自己的判断，追求品牌与品质，当然更不会因为一个品牌价格昂贵就视之为高档。正是这样一个新消费群体的诞生，他们用“消费”投票，促使企业朝更好、更健康的方向经营发展。

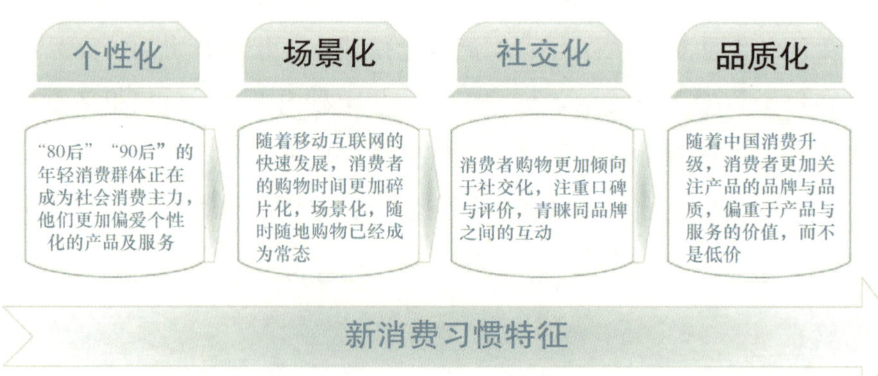

图1-9　新消费习惯特征

《麦肯锡：2020中国消费者调查报告》发布了新消费者的五大消费趋势，列出部分如下：

趋势一：中低线城市消费新生代成为增长新引擎

经济增速放缓和生活成本上涨并没有影响他们的购买热情，他们对消费总量增长的贡献超乎寻常。

趋势二：消费者存在消费分级，在升级的同时有的更关注品质，有的关注性价比等。整体上，中国消费者依然不断追求更高的生活水平，但受各种因素的影响，不同消费群体表现出更加多样化和差异化的需求。

趋势三：健康生活理念继续升温

绝大多数受访消费者都表示正在追求健康的生活方式，健康生活理念对消费者行为的影响在增加，消费品企业可以通过定义健康理念来更好地迎合这一趋势。

趋势四：旅游消费更注重体验

消费者正在抛弃“千人一面”的大型旅行团，转而选择“小而美”的团队和自助游。

趋势五：本土高端品牌崛起

中国消费者对国产品牌认可度提高，希望本土品牌也能提供称心如意、高品质的商品。这既给本土商品带来新的机会，也给跨国企业带来新的挑战。

三、运营

无论是线下市场还是线上市场，都脱离不了零售的范畴，所以用户体验、产品质量、服务水平、品类品种等都是必需的，虽然细节上会有所变化，但大体上是一致的，不能够放松。而对于营销手段、运营渠道等，则需要因时而变，因地而变，根据企业的实际情况不断优化迭代。

传统模式下，商家采用单一渠道开展运营，而随着发展，以京东、苏宁为代表的企业开始采用多渠道、跨渠道经营模式。多渠道运营是在开展实体经营的同时，利用电话、移动终端、社交平台等向消费者传递商品与品牌信息。跨渠道是对多渠道经营模式的进一步延伸，能使商家将不同的运营打通。

新零售能够实现的关键就是要促成线上和线下的有机结合，实现线上线下同款同价，促成实行线上订单、线下取货的新模式等。这种结合已经不是传统意义上的O2O，而是将线上线下各种零售业态进行有机串联，同时将供应链中涉及的设计、生产、销售等环节打通并进行协调和统筹规划，形成商品全供应链的资源协调和动态循环的物流体系，这种模式的关键在于以大数据作为技术支撑。

为降低商品流通过程中损耗的时间和增加的成本，零售商将逐步打通商品流通渠道，并且进一步实现线上与线下在商品、会员身份和服务的同步。

打通商业全链路。过去，受制于信息化手段的不完善和企业之间的壁垒，商业的全链路很难打通。随着互联网、移动互联网、新媒体的高速发展，市场活动从以产品和品牌为中心向以消费者为中心转移。“以消费者为中心”的核心思想将始终贯穿于企业间各个流通环节的流转设计，以及企业内全供应链的设计。技术带来数据的流动，流动带来流通链条与供应链条的柔性与自适应性。数据化管理为实现最优最短流通路径、库存最优化乃至零库存提供精细的决策支持，智能仓配一体化、智能供应链、智能物流的发展，将大大提升流通业的整体效率，流转耗损最终朝着无限逼近零的理想状态发展。其中，商业服务企业提供的工具将不断为商家赋能：运用数据帮助商家分析商品供应、会员能力、服务效率等，企业可以更快地明确各个环节遇到的问题并及时改进。

从提升消费者满意度角度而言，未来通过智能设备的高效应用，人、货、场有了新的定义，线下的营销活动将与线上电商的权益结合，联动用户的移动设备参与互动，门店不再是单纯逛街的地方，更是让消费者体验更优质服务的地点。新的销售体系的构建围绕着消费者的感受展开，目前颇受诟病的不能打通的会员权益、会员信息、促销方式、消费体验都将串连起来。最终，企业必将在消费者体验、客户忠诚度等方面获得切实提高。

四、场景

“体验式服务，实现消费场景化”，这是新零售提出的全新概念。未来，新生代中产阶级必将成为主要的消费群体，他们更注重高品质和强体验性产品，个性特征明显，喜欢个性化、主题化和场景化的消费形态，注重体验，追求时尚，品牌意识和品质认同感强，消费行为和习惯更加多元和分散，且购买决策和行为明显具有网络化特征。消费者升级，必然要求商业场景随之升级。

换句话说，消费需求的发展趋势是消费场景化。消费场景化指的是为了使消费者在满足物质消费需求之外获得心理和精神上的满足，通过对人、物、场景等进行必要的组合，打造具有一定含义、氛围与效应的生活场景而进行的消费。即通过打造线上线下一体化的消费场景，不仅向顾客全方位展示产品特质与核心价值，更让顾客在交流互动中获得舒适愉悦的价值体验。同时，这种价值体验并不局限于产品本身，也源于整体的门店购物场景：消费者进入店铺，所获得的不仅仅是优质的产品和服务，更是一种理想的生活方式和场景。

新零售通过数据挖掘和应用，可以实现精准营销、精准服务，充分满足、适应和挖潜个人化、小群体的需求，实现规模化生产、个性化消费的同构。同时，通过全新消费场景的构建，在人性与群体需求的多元化、多层次、多维度的演变分化基础上，实现生活方式与文化价值的全方位体验，让购物、体验、文化需求实现三位一体。新零售的崛起，将推动现代商业从理念、模式到产品的全消费领域发生质变，消费者行为习惯与需求模式、社群化、社交化、移动互联、品牌与功能模式创新等所有变化因素的影响，最终再造商业地产的消费场景。

例如，在创新场景方面，全家便利店，从第一代到第四代，越来越注重创造更多场景来吸引客流，延长消费者店内停留时间。

通过搭建购物消费全场景，玩转极致消费体验。以永辉超级物种为例，探索“超市+餐饮”的全新模式，美食工坊满足消费者“食”的极致需求，而体验馆满足消费者“乐”的需求。逛超级物种，在美食工坊大快朵颐，饮一杯红酒来一份甜点，出门前带一束花回家，超级物种为消费者提供了全方位的极致体验。

此外，随着技术创新、消费升级持续推进，融合与共享理念将深入变革消费方式，催生消费新业态的出现。融合既包括消费模式的融合，也包括消费业态的融合，传统消费模式与新兴消费模式融合，传统消费业态与新兴消费业态融合。传统消费模式只有融入新业态、满足新需求才能持续发展。

新零售绝不仅仅意味着“互联网+零售”，而必定是城市文化生态圈、商业生态圈的大融合，由物质消费走向更高层次的精神消费。

第二章

斟思新零售

第一节　数字化转型下的电力新零售业务

一、电力企业数字化转型的时代背景

人类社会经历了工业革命、电气革命和信息革命，正在经历数字革命。大数据、云计算、物联网、移动互联网、人工智能和区块链等新型数字技术正在深刻改变着能源生产、输送、交易、消费及监管的各个环节，为加速推动能源革命注入新动力。通过数字化，在能源生产、客户消费、市场体制建设、能源技术创新等方面产生作用。我国高度重视数字化在现代化建设全局中的引领作用，持续完善数据要素市场配置体制机制，大力发展数字经济，推动经济社会加速向数字化转型。

2020年3月4日，中央政治局常委会提出要加快5G网络、数据中心等新型基础设施建设。4月2日，习近平总书记在浙江考察时，再次强调要抓住产业数字化、数字产业化赋予的机遇，加快5G网络、数据中心等新型基础设施建设。4月9日，中共中央国务院印发《关于构建更加完善的要素市场化配置体制机制的意见》，提出要加快培育数据要素市场，提升数据要素配置效率，激发市场活力、培育新动能。党的十九届五中全会提出要加快发展现代产业体系，推动经济体系优化升级，坚定不移建设网络强国、数字中国，发展战略性新兴产业，推进能源革命，加快数字化发展。国资委等政府部门大力倡导央企加速数字化转型，助力高质量发展，提出将数字化纳入企业战略规划。

电力企业关系国民经济命脉和国家能源安全，履行社会责任是其与生俱来的使命。推进数字化转型，有利于电力企业确保国有资产保值增值，当好国民经济持续健康发展的“稳定器”和“压舱石”；有利于促进产业链上下游共同发展，支撑国家发展战略落地；有利于提升自主创新能力，抢占世界能源电力科技制高点，在代表国家参与全球竞争中发挥支柱作用。

二、电力企业数字化转型面临的机遇与挑战

随着我国数字经济蓬勃发展，电力企业数字化转型迎来了国家政策支持、技术集中爆发、行业变革推动的机遇，同时也面临固有机制和管理模式等因素形成路径依赖的挑战。

（一）机遇

1.数字化变革创造电力企业高质量发展新机遇

数字经济的蓬勃兴起，深刻改变了传统经济的生产方式和商业模式，成为促进新一轮产业创新变革，提升产业竞争力的重要力量。能源革命与数字革命相融并进，以能源供给和消费清洁化、低碳化、生态化、多元化、融合化等为特征的能源数字经济逐渐兴起，各种新型用能形式不断涌现，社会对电的依赖程度越来越高。电力企业的业务覆盖能源电力产业链的全环节，在数字化变革的浪潮中面临关键的发展机遇，需要加快电网智能化升级，发展能源数字经济和平台经济，培育增长新动能，提升综合竞争力，为企业高质量发展提供有力支撑。

2.数字化技术为电力企业转型发展奠定基础

在国家的大力推动下，数字化相关前沿技术创新势头良好，以云计算、AI、数字孪生、边缘计算等为代表的数字化智能技术不断出现创新突破，逐渐抢占制高点。目前，数字技术正在加速向政府以及传统产业渗透，不断驱动生产方式和管理模式变革，数字政府、智慧城市、产业互联网等多元化的数字经济新模式不断涌现，为电力企业应对数字变革挑战、加快推动能源革命奠定了坚实的基础。充分把握数字技术的发展趋势，以数字技术为传统电网赋能，推动电网向能源互联网优化升级，能够将这种机遇真正转化为动力，将用户侧可调节负荷纳入电力系统调控范畴，提升电网灵活控制、安全互动能力，促进清洁能源消纳，适应未来多种能源互联互通、共享互济的需要。

（二）挑战

1.企业数字化转型存在慢进亦退、丧失良机的风险

目前，国内外能源电力企业已经纷纷开始数字化转型，数字时代能源发展制高点的争夺日益激烈。法国电力、西班牙国家电力等企业加快制定数字化转型战略和实施计划，加大中长期持续投入，积极推动转型；德国意昂等企业将用户数据的深度挖掘作为数字化转型的重要任务，深化用户画像、精准营销等数据分析应用，提升服务能力，推动数字化转型向精准投资、精益管理等方向延伸；法国ENGIE集团、英国国家电网等企业应用数字化手段，在电动汽车、需求侧管理、通信资源、储能、智能家居等方面积极拓展电力产业链、价值链，逐步构建完整的数字化产业生态。在全行业数字化转型加速的形势下，我国电力企业数字化转型窗口期转瞬即逝，唯有加快自我变革，才能避免机遇的丧失。

2.传统企业固有的运营机制与管理模式面临转型挑战

长期以来，我国电力企业上下对于数字经济发展所需要的技术、管理、文化等因素存在一定的认知盲区与思维惯性，数据尚未成为企业生产运营活动的核心要素，在数字经济新形势下，这些因素给企业创新发展带来挑战，具体表现为传统的组织机构和管理模式依然占据主导地位，跨专业数据流动、分发、价值创造的流程不健全；电力企业在以实物资产为核心的硬科技上有优势，但对数字化转型共享经济、平台经济的认识理解不够深入，数据管理机制以及数据要素参与分配机制尚不完善，难以适应数字经济对生产要素迭代创新的需要。

三、电力企业数字化转型现状及成果

数字化转型既符合中央精神和国家要求，也高度契合能源互联网的内涵和发展重点，更加具有时代特色。对电力企业而言，数字化转型还蕴含着顺应改革、主动求变、引领超越等新内涵。良好的信息化建设基础是推进数字化转型的必要基础。以国家电网公司为例，经过十多年的快速发展，国家电网公司的信息化建设逐步实现主要业务从分散向集中、线下向线上、孤岛向集成的转变，在运信息系统较好地支撑各项生产经营管理活动，为国家电网公司数字化发展奠定了良好基础。当前，国家电网公司正在从传统信息化建设向数字化发展阶段迈进，已经取得明显成效。

1.数字化基础建设取得长足发展

国家电网公司建成全球最大、央企领先的一体化集团级信息系统，建成北京、上海、陕西三地集中式数据中心，实现两级部署、多级应用，部分系统实现全网一级部署，覆盖公司各级单位、各项业务和各类人员，信息设备超过200万台/套，注册用户超2亿人，峰值在线用户超千万，日均处理业务数据1100万条，有力支撑了约160万名职工、3万亿元营业收入、4万亿元设备资产、近5亿只智能电能表的在线管理，为数字化转型奠定了坚实基础。

2.业务应用建设取得积极成效

电力物联网建设方面，国家电网公司已在能源生态、企业中台和智慧物联等领域开展了业务探索和试点建设；电网运行业务应用方面，建成规划计划、基建管理、设备运维精益管理等系统，全面支撑电网规划、基建工程管理、设备运维检修、安全风险监督和线损在线监测；企业经营业务应用方面，建成ERP、人力资源、财务管控、现代智慧供应链、数字化审计等系统，全面支撑人财物集约化、精益化管理；客户服务业务应用方面，建成“网上国网”、用电信息采集、电力交易平台、新能源云、线上产业链金融等系统，全面支撑客户交费、办电、新能源、电动汽车、电力交易、金融交易在线办理。

3. 企业级数据管理和应用持续推进

国家电网公司在总部各业务部门设立数据处，支撑机构新增大数据中心，推动数据管理规范化、精益化。数据管理方面，健全规范公司数据管理标准，构建统一数据模型（SG-CIM）；完成了一级部署系统数据资源盘点，在线发布了数据目录；出台基于共享负面清单的数据应用授权机制，推进数据共享应用。大数据应用方面，对外立足于服务政府决策、社会治理，在支撑疫情防控和复工复产、住房空置率分析、环保监测、服务小微企业授信、电力看经济等方面取得一定成效，受到政府与社会好评；对内立足于服务公司党组决策，服务部门管理和基层业务提升，在台区健康诊断、设备缺陷识别、用户行为分析等方面形成了一系列成果。

4. 跨界融合的能源互联网生态初步构建

国家电网公司通过模式创新和互联互通的方法，在基础资源规模化运营、新业态落地实施、生态建设等领域先行先试，迭代探索，形成了一系列创新突破。积极推进新能源云、智慧车联网、能源大数据等新业态、新模式建设和运营，推进公司与政府及各利益相关方的数据共享和交互。成立中国电力大数据创新联盟，助力搭建电力大数据产学研用创新平台，推进电力大数据技术创新和产业协同，建立产学研上下游资源共享机制，推动建立电力大数据标准及评价认证体系。

四、数字化转型背景下开展新零售的意义

布局新业务是数字化转型背景下电力企业实现可持续发展的必然选择。在供给侧结构性改革、电力体制改革、能源转型发展、互联网+新业态、新技术革命等多重因素叠加影响下，电力企业盈利模式、客户资源、市场空间等受到较大影响。近年来电价持续下调造成传统售电业务利润大幅下滑，同时综合能源服务等市场化业务竞争也日趋激烈，电力企业经营形势严峻，亟需充分运用“大云物移智链”等新兴数字化技术，通过变革服务模式，挖掘、培育具有能源产业价值链和能源生态系统服务特点的新业务，打造新业态，挖掘新的效益增长点，实现能源服务的增值，创造卓越能源服务的品牌，增强企业的核心竞争力。

新零售的基础是数字化。电力企业推进数字化转型发展是开展新零售业务的前提条件，同时新零售也是电力企业数字化转型的先驱业务。新零售作为新兴业务，需要利用

大数据等技术和平台支撑数据分析，赋能企业决策；新零售作为一种高度结合大数据、云计算等创新技术的业务，实现了从客户需求向物流仓储、生产制造的一体化整合的商业模式，也将有力支撑电力企业聚合客户侧资源，精准对接供需，深化业务协同，打造客户数据汇集和应用平台，做大营收规模，培育新的利润增长点，构建能源电商服务新生态，从而有效提升数字化转型的质量和成效，达到数字化转型的主要目标。

电力企业开展新零售业务不仅具备可行性，而且具有较大盈利空间。中石油、中石化等央企依托已有资源优势，积极开展各类新零售业务，目前已可提供较稳定的盈利收入。相较之下，电力企业拥有更为广大的用户基础和流量优势，以及完善、多样化的线上线下销售渠道，同时还在能源电商、能源金融等产品方面具有独特优势。因此，相比于上述企业，电力企业不仅在新零售业务上具有更强的灵活性和可操作性，而且凭借资源优势可挖掘更大的盈利潜力。以国家电网公司为例，新零售业务已经取得良好开端，试点工作顺利完成。2019年，山东、江苏、上海、浙江、天津、湖北、湖南等省公司积极开展新零售综合试点项目，面向个人及企业用户销售金融、电动汽车、智能电器等产品，同时通过营业厅改造建设、新零售品牌化运营以及建立销售渠道协同机制。试点过程中虽然存在较多制约因素，尚未形成专业化的新零售业务团队，但已获得相对良好的运营效果，实现了一定的盈利。

新零售业务高度契合电力行业发展趋势及国家发展方针。在国家电网公司发布的《国家电网有限公司关于印发2020年改革攻坚重点工作安排的通知》中，明确将培育新业务作为公司的重点工作之一，提出在工业领域积极发展工业芯片、IGBT、智能终端，以及在电动汽车、综合能源、基础资源商业化运营等方面成立合资公司进行业务拓展。其中，新零售作为新业务的探索，可有效覆盖电动汽车、智能终端等产品的销售，加强公司相应产业的市场竞争力，符合公司发展策略。此外，国务院于2016年发布了《关于推动实体零售创新转型的意见》等文件，着力加速消费变革、引导零售模式升级。电力企业积极开展新零售业务也高度契合国家在该领域的发展方针。

第二节　探索适合电力企业的商业模式

本节以中石化—易捷为例来简述国内外领先企业开展新零售的成功商业模式，为电力企业设计新零售商业模式提供借鉴参考。系统分析国家电网公司与其他零售企业的区别，结合电力企业独特资源优势，探究具有电力企业特色和市场竞争力的商业模式。

一、易捷

（一）概况

中国石油化工股份有限公司北京石油分公司（简称北京石油公司）成立于1950年4月，是中国石油化工股份有限公司（简称中石化）在京直属大型销售企业。北京石油公司作为中石化综合改革的试点单位，积极推进商业模式和经营管理转型发展的探索，将开展新零售业务作为改革的重点方向。

（二）新零售业务模式

1.组织架构：属地化+专业管理

北京石油公司新零售工作依托下属的新零售中心（模拟）（非油品中心）（简称新零售中心）推进日常业务开展，中石化易捷销售有限公司（简称易捷公司）负责对新零售中心的非油业务进行监督指导。新零售中心采用虚拟组织、岗位兼任的柔性管理方式，设有财务金融部、市场规划部、油品终端运营部等12个部门，如图2–1所示。

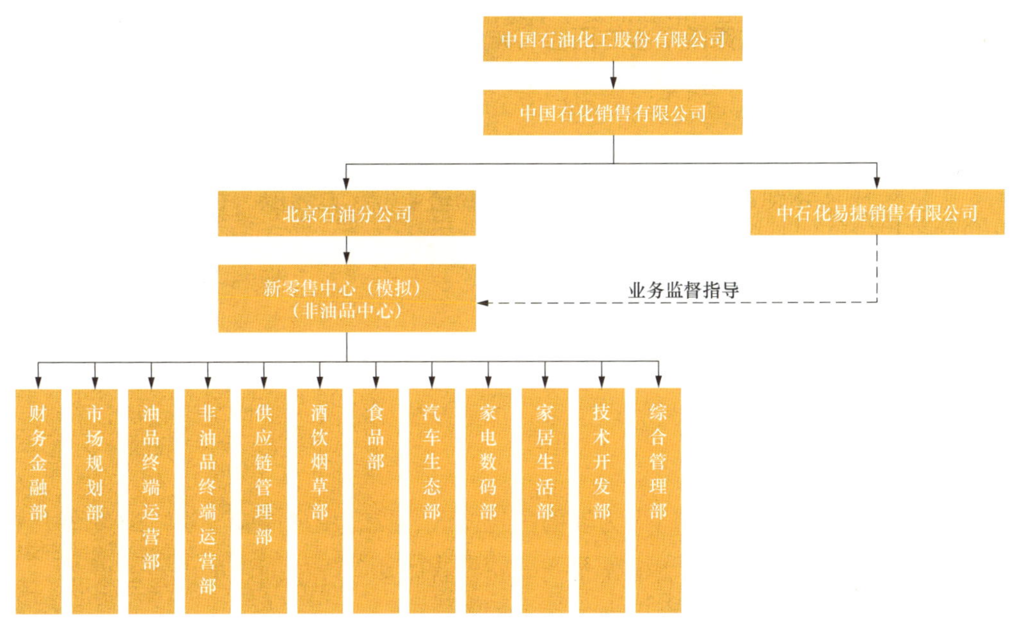

图2–1　中石化新零售业务组织机构图

未来，新零售业务规划和发展将有望从中石化总部层面进行统一部署，以“属地化公司+易捷分公司”的模式，持续推动新零售业务模式平台化、管理体制专业化、运行机制市场化，支撑中国石化销售企业向现代化综合服务商转型升级。成立易捷北京分公司，为线下门店非油品业务供应链管理、商品采购和运营管理提供专业支撑和业务指导。之后，又成立了北京石油公司新零售中心，结合自身实际开展差异化创新，先行先试，打造新零售业务转型发展“新高地”。

2.商业模式：打造“人·车·生活”生态圈

围绕“汽车＋车主”的多元化、个性化需求，依托加油站站址资源和“易捷加油”新零售平台，深度开发汽车后市场，通过不断引入租赁、洗车、保养、旅游、保险、金融、广告等社会服务资源，丰富充值、缴费、ETC等线上增值服务，联合社会服务商，将新零售平台打造成为平台化、专业化、服务化的综合服务平台，为客户提供更丰富的商品选择、更全面的服务项目和更贴心的体验感受，打造有车一族“第四空间——在途”的最佳流量入口，构建独具石化特色的智慧型、高价值的“人·车·生活”生态圈，使用户足不出户，就能享受各种服务了。

3.产品体系：试错优化，结构动态调整

北京石油公司新零售业务开展之初，产品体系全面覆盖衣食住行各环节品类，销售方式以代销方式为主，避免库存占用，依据“低成本试错，小步快跑、快速迭代”的原则，逐步优化完善产品体系。

4.供应链体系：“天地合一”

依托中石化强大的品牌影响力、丰富的线下资源优势及渠道优势，大力推进以“大数据+互联网”为主的“天网”体系和“自建物流+第三方物流”相结合的“地网”体系建设，通过线上线下平台建设强化数据共享，实现“天地合一”以破解商品物流配送“最后一公里”难题。

北京石油公司以17000m^{2}的库房为基础，结合京东垂直营销方式，建立产品自营自配为主、厂家直配为辅的供应链管理体系，加油站根据每天理货情况进行申请补货，保证一线产品供应。

建立网购店提为主、店购店提为辅的配送模式，提升用户体验。用户通过线上平台下单，系统后台自动安排就近店铺送货，缩短送货距离；在便利店引进智能设备，支撑用户在加油站扫码下单购买。

5.盈利模式：广告费用转化+成本分摊弥补

价格方面：发挥中石化品牌、流量、线上线下、油与非油一体化的优势，逐步打造酒品、粮油、饮料等方面的国内最大销售商。通过与供应商议价，将供应商节省的广告和渠道费用分摊至产品价格上，大幅降低了产品价格，获取竞争优势和利润空间。

财务方面：油与非油的成本利润独立核算，目前新零售业务整体利润率在4%左右。通过油与非油捆绑，买油送非油产品优惠券、易捷币和用户积分等，保证产品到手价低于市场价格，促进油与非油互补，其中产品促销价低于成本的差价部分计入油品的销售费用。

（三）新零售运营体系

1.线上渠道：建设“易捷加油”新零售平台

2017年7月，北京石油公司成立“易捷北京”电商平台筹备组，开启对新零售平台建设的探索。2018年4月，“易捷北京”App正式线下推广，采取自营他配、自营自配及商户入驻相结合的方式，构建了具有北京石油公司特色的电商模式，填补了非油业务线上渠道的空白。2018年11月，北京石油公司试点推广“一键加油”App，从订单下达到加油完成，免卡片、免下车、免开纸质发票，提高了加油站通过率和智慧化水平。2019年4月，北京石油公司将“易捷北京”与“一键加油”整合为“易捷加油”新零售平台，有效整合线上线下资源，实现用户体验和消费场景升级，创新构建了网购店提、网购店配、站内配送、社区营销、油非互促、仓售配一体化等多项新业态协同驱动的商业模式，通过营销活动提升了油品销量和非油品线上客户。留存率、复购率和销量。

2.线下渠道：推进数据治理及应用

通过信息化、数字化等技术赋能门店，积极探索大数据、人工智能、计算机视觉识别技术，加强数据治理及应用能力，全面构建差异化竞争优势，防范经营风险，提高运营效率，从线上线下互相促进到线上线下融合，双线互补，以加油站分流、挽留流失客户、锁定加油站员工套现等方法实现油非互促走向油非融合发展的结果。

加油站分流：在加油站停业或繁忙期间，依据360°客户画像标签筛选出常在该站加油的客户群体，定向推送停业信息，并推送附近加油站信息，提升客户体验度，增强客户粘性。通过线上App或微信公众号等形式，定向推送加油站促销活动等消息，提供实时查询服务，方便客户了解加油站营运状态、加油站繁忙程度、加油等待时间等信息。

客户流失挽留：基于客户画像标签，针对客户的加油时间、加油频率、加油量等指标计算客户流失的可能性，同时构建客户流失预测模型，提前预警并制定出相应的挽留措施，通过短信渠道精准推送挽留信息，针对高价值的即将流失客户进行挽留，对沉睡的客户进行激活，对已流失的客户进行召回，提高客户留存率，提升客户忠诚度。

3.营销模式：推动油与非油融合

大力开展常态化营销活动，线上线下同步开拓市场，以下面三种方式满足客户多元化需求。

营销场景强关联：在加油站场景设计中混合硬性的油品需求与可引导的非油品需求，充分发挥加油时间的独占性优势，建立与消费者日常生活的紧密联系，打造核心需求场景，精准触达消费者，形成良好品牌印记。高效利用站内场地资源，拓展户外广告与电子屏广告媒体业务，提高附加收入。

客群相互导流：一方面，利用线上营销推广覆盖面广、手段灵活、方式多样的天然优势，线下拥有稳定且刚性的流量来源——车主，油品的线上充值与线下加油为非油品推广提供了流量入口；另一方面，丰富便利店商品及服务类型，扩大加油需求的触点范围，有效增强客户忠诚度。

营销协同互促：加强节日和专项营销活动的策划和执行，利用优惠券、积分、满减券等方式向线上线下同时引流，推动油与非油业务融合发展。

4.激励机制：激励为主+全员营销

组织管理：销售人员均为北京石油公司加油站员工，由加油站统一管理，人员成本放在油品人工成本中，部分新零售专职店长、专职人员成本放在非油成本中。

新零售业务目标：按照北京石油公司——9个区——500个加油站逐级下达目标任务，站经理进行具体人员目标分配。

员工激励：利用二维码扫码方式，记录员工销售情况，进行专项激励，专项奖励成本计入非油成本，占用工资总额。开展全员营销，针对拉入新用户，奖励20元/人。销售奖励额度约为销售额度的6%，家电数码约为2%~3%。每月统计，以激励为主，奖金计入员工工资的绩效部分予以下发，奖励上不封顶。

（四）新零售服务保障体系

1.产品管控机制：构建特色商品管理机制

围绕人车生活，深度挖掘车主群体消费需求，不断探索创新和迭代优化，逐步构建符合自身的商品体系，丰富便利店商品选择，体现易捷品牌特色。从以下方面构建特色商品管理机制：

（1）拓展合作合资，打造易捷自有品牌商品。自2010年以来，易捷围绕车的需求和人的健康积极向上游产业延伸，先后引入多省市区的名优特商品，成功孵化出卓玛泉、长白山天泉、国杞天香、赖茅酒、鸥露纸等自有品牌商品。

（2）建成全国集采中心，对主流的全国一线商品，通过规模化采购降低成本，为顾客留出更大让利空间。

（3）对地域特色浓厚、适合区域销售的商品，由各省市自主采购，尽可能适应顾客购物偏好，改善购物体验。

2.客服中心：平台+自建+第三方

以“平台客服+各区自建客服+第三方客服”“在线客服+电话客服”等方式并行。成立由70人左右的客户服务中心，设有3条自有客户服务专线，全口径受理客户投诉，开展客户回访、调研。对于已具备完备售后服务体系的商品，充分利用供应商现有客服体系，开展售后服务支撑。对于缺乏完备线上服务体系的供应商，由北京石油公司统一引入第三方客服团队支撑客户服务。

二、昆仑好客

（一）概况

2002年中国石油天然气股份有限公司（简称中国石油）借鉴合资公司的运营模式和业务经验，在北京、广东、重庆等省市开始非油品业务的探索。2007年，中国石油正式成立专门的非油品机构，全面启动非油品业务。2008年，中国石油推出“昆仑好客”品牌便利店，开始向综合服务商转变。2017年，中国石油正式成立非油品业务专业公司——中石油昆仑好客有限公司（简称昆仑好客公司），开启非油品业务新篇章。

昆仑好客公司作为销售分公司非油品业务的管理运营和合资合作平台，承担非油品业务的管理协调与考核职能，主要负责非油品业务的顶层设计、标准规范制定、品牌管理，指导省区销售公司非油品业务专业化运营的同时承担商品统采统配、物流优化、合资合作、自有商品开发等业务。

（二）新零售业务模式

1.组织架构：属地化管理

中石油昆仑好客便利店业务依托各省销售分公司下属的中油昆仑好客（省）有限公司或省销售非油品分公司开展业务，昆仑好客公司为各省便利店业务提供技术支撑和监督指导。昆仑好客便利店业务组织架构如图2–2所示。

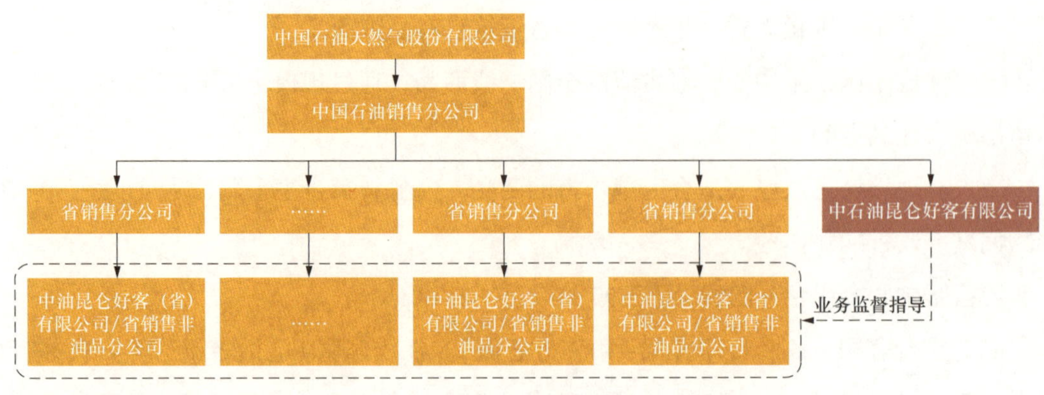

图2-2　昆仑好客便利店业务组织架构

2.品牌定位：国内非油行业的领跑者

（1）发展定位。昆仑好客公司始终致力于培育中国石油非油商品自有品牌，着力打造健康生活目的地、爱车保养目的地一体化精益零售新平台。作为建设“加油站3.0”的重要一环，紧密围绕构建“人・车・生活”生态圈，顺应新型零售服务业态发展潮流，满足客户多方面需求。

战略定位：国内非油行业的领跑者。

顾客定位：积极乐观时尚的消费群体。经过“漏斗”工具，最终锁定中国石油非油消费群体为中产阶级、白领一族。

（2）品牌内涵。“昆仑”寓意着中国石油的雄厚与责任；“好客”寓意着中国石油的热情与好善；“uSmile”寓意着中国石油的亲和与友好。

“昆仑好客”品牌标识如图2-3所示，其色泽为红色和黄色，取中国石油标识基本色。标识“uSmile昆仑好客”整体为微笑的象形，“u”是英文“You”的简写，uSmile意为：我们使您微笑（We make you smile），我们共同微笑（Make us smile）。整体象征着中国石油非油业务在中国石油雄厚大气品牌下的和谐发展。沟通从微笑开始，服务从微笑做起，用我们真诚热情、友爱和善的微笑获得顾客满意的笑容。

图2-3　“昆仑好客”品牌标识

3.产品体系：3大类22小类

中石油昆仑好客便利店的商品结构分为食品、非食品和服务性商品三大类，包括香烟、包装饮料、散装饮料、奶类、酒类、糖果、快餐、日用品、清洁用品、书刊音像、办公文体用品、汽车用品、润滑油、农资、其他等22小类。便利店售卖商品选择的综合考虑因素主要有：消费量大、购买率高、品牌知名度强（形象佳）、销售方法简单、平均品质好（品质一致）、附加值高（特殊化、差异化）、竞争性高、毛利率高、季节性强、能满足主要顾客群的需求。

4.商业模式：打造“人·车·生活”生态圈

随着大数据、新零售的兴起，消费者需求越来越多元化和个性化，加油站向全渠道的综合服务平台转变。2018年11月8日，中国石油宣布全面开启加油站3.0时代，其架构如图2-4所示。中国石油运用大数据、云计算、人工智能等技术，以客户和数据为纽带，把加油站打造成为安全、便捷、绿色、温馨、智能的“人·车·生活”驿站，形成线上线下协同运营的客户服务综合平台，为客户提供全产品、全渠道、全路途的服务，让油站运营更加智能、服务更加专业、客户体验更加温馨。

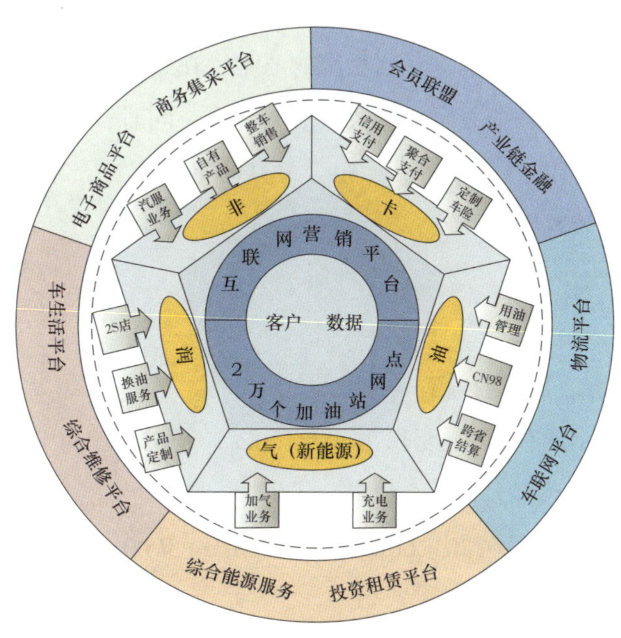

图2-4 加油站3.0总体架构

5.品牌打造：推出自有品牌产品

深入研究零售业发展趋势，采取与高端品牌嫁接、自主研发等方式，致力于打造物美价廉、优质便捷的自有产品，推动非油品业务高质量发展。目前已开发出“武夷山”矿泉水、“昆仑好客优选+”大米、好客咖啡、尤斯麦尔干果、昆仑好客宁夏枸杞、好客之义酒等10多种赢得社会赞誉的品牌产品，形成了以“昆仑好客”为主、各省各有特色的自有商品开发局面。“昆仑好客优选+”是昆仑好客公司旗下的高端商品品牌，以产品专选为核心原则，以优质、新鲜、便捷为定位，以满足客户多方面需求为出发点，商品的设计、原料、生产、经销全程严控，凸显差异化，强调性价比，走质量型和精细型道路，联合国内外众多知名品牌和明星产品进店销售，为客户提供优中选优、轻松一站购的贴心服务。

6.业务拓展：跨界多元合作模式

携手互联网巨头，探索“互联网+”转型新模式。2016年3月，中国石油与阿里巴巴、蚂蚁金服签署战略合作框架协议，双方在阿里云、电子地图、互联网汽车、天猫、菜鸟物流，以及中国石油掌上营业厅、互联网支付、电子加油卡、互联网金融、会员共享和积分互换、联合营销等领域不断创新合作模式，提升消费体验，共同推动双方业务的转型升级和创新发展。

与中粮集团强强联手，积极扩展非油品业务。2016年3月，与中粮集团签署战略合作框架协议，双方本着资源共享、互利双赢的原则，在产品、市场营销、会员共享、社会公益、新业务领域等开展全方位、全天候战略合作。同时，探索依托互联网平台，拓展O2O合作，整合营销渠道，丰富商品组合，共享客户资源，增强消费体验，聚合发展优势，实现协同有效发展。

（三）新零售运营体系

1.线下渠道：设置分级便利店

（1）特快店（大型便利店）。面积在60～120m^2，预估日销量15000元以上，货品种类齐全，销售全部22类商品。

（2）标准便利店。面积在20～60m^2，预估日销量5000～15000元之间，销售22类商品品类中的70%的核心货品。

（3）基本店。预估日销量5000元及以下，销售润滑油及重点货品，即香烟、饮料等，可能针对需要增加一部分货品。

2.营销模式：“油卡非润气”一体化

中国石油充分把握市场变化特点，不断完善市场竞争策略，通过加强产销衔接、深入实施“油卡非润气”一体化营销，盈利能力和市场竞争力不断得到提升。“油卡非润”一体化营销模式是以客户为中心、以加油站为载体，打破以往单个部门、单个营销要素各自为政的传统运作模式，整合“油（成品油）卡（加油卡）非（非油品业务）润（润滑油）气（天然气）”等内外部资源，统一营销组织，对内实现专业协作、上下联动，对外实现口径统一、客户感知一致，最终实现效益最大化的整合营销模式。非油品业务以提升便利店经营管理为重点，突出以昆仑卡为核心的会员体系建设，持续打造“10惠”等品牌促销，油非互促以满额减为主要方式，加大第三方资源投入，简化促销程序，保证现场效率，提升客户消费体验。

三、邮乐购

（一）概况

邮乐网是由中国邮政与TOM集团携手打造的集高端线上网购和线下零售于一体的独特创新购物服务平台，是中国邮政从实业领域进入电子商务的核心平台，在赚取商品进销差价的同时，为中国邮政旗下规模庞大的营业网点引流。

邮乐购是其线下平台，其品牌logo如图2-5所示。标识色泽为红色和绿色，红色代表自身是邮乐线上线下体系中的组成部分，绿色代表自身是中国邮政旗下的品牌。标识中的“ule.com”是邮乐商城的线上网址。邮乐购中的“邮乐”两字取自商城；“购”采用了笑脸设计，象征着愉快、贴心、舒适的购物体验。

图2-5　邮乐购品牌logo

（二）新零售业务模式

1.战略定位：聚焦农村用户

邮乐购聚集农村用户，致力于改变农村用户的生活、生产方式，实现购物不出村（不懂网络的村民也可网上购物）、销售不出村（农民可通过邮乐购站点销售自己的农产品）、生活不出村（在邮乐购站点交话费、订机票等）、金融不出村（可在邮乐购站点取小额现金）、创业不出村（开自己的邮乐购网店）。邮乐购包括邮乐网线上电商平台、邮乐购线下站点、农村电商体验馆三个部分。

邮乐网是定位于B2C的线上品牌商品销售的一个平台，品类涵盖品牌服饰、箱包鞋帽、个人护理、居家生活、数码家电等，具有四大特色：

1）品牌正品：邮乐全部商品均由中国邮政和TOM集团严格甄选品牌商、精品店铺；

2）线上线下：互联网购物、手机购物与线下实体店购物相结合；

3）覆盖全乡：依托中国邮政覆盖全国的优势，为全国各级城乡消费者直接提供购物服务；

4）安全快捷：邮储银行和其他国内商业银行提供支付服务，EMS提供仓储服务和全程配送服务。

2.营业模式：依托邮乐购平台灵活开展业务

各行政县均设有邮乐购站点，各站点均配备了扫码枪、打印机、电脑一体机、宽带等设备，为当地村民提供电费代收、话费代收、邮件、快递代投代发、车辆违章处理等服务。各村的贫困户可以直接将农产品交到村内的邮乐购站点收购，统一在店内发售，邮政分公司也可以把农产品统筹到县内其他邮乐购站点进行销售，而有能力的贫困户也可以在邮乐网建立自己的网店来销售自己的产品。邮乐购站点均安装邮掌柜系统，商超老板通过邮掌柜下单订货，中国邮政各市级分公司渠道部的工作人员处理订单，仓储中心负责发货。

3.产品体系：日用百货及农产品

邮乐购线上平台：品牌服饰、箱包鞋帽、个人护理、运动户外、家具百货、食品保健、母婴产品、数码家电等。

邮乐购线下站点：适合在农村销售的商品、当地农产品等。

4.供应链体系："县—乡—村"三级分销配送网络服务体系

中国邮政依托遍布全县所有乡镇的邮政网点，形成"县—乡—村"三级分销配送网络服务体系，实现工业品下乡、农产品进城的电子商务体系，解决民营快递在偏僻边远地区投递不到位的农村网购"最后一公里"配送问题。

（三）新零售运营体系

（1）营销推广：设置农村电视体验馆。在各行政县建立农村电商体验馆，摆放各类当地农产品和适合在当地销售的产品。在体验馆附近设立仓储中心，内有百货区、酒水区等商品区，并设立发货区、投递作业区、报刊作业区等区域，负责对销售产品实时打包、分发。

（2）线下渠道：邮乐购站点。

（3）线上渠道：邮乐网。邮乐网是中国邮政电子商务业务的核心平台，为中国邮政旗下规模庞大的营业网点、物流配送设施提供源源不断的业务。邮乐网是定位于B2C的品牌商品销售平台以及B2B的品牌商品批发平台，其商品具有中高端和便于邮寄两大特点，主要包括品牌服饰、箱包鞋帽、个人护理、居家生活、数码家电等。该平台结合电子商务和传统的零售网络，提供全方位的线上线下订购服务。

四、中华电力

（一）概况

自中华电力于2012年开展市场业务以来，通过能效管理及电能替代业务为客户创优增值。中华电力针对不同用户开展差异化活动来推广节能改造，并将客户服务中心（类似内地的供电营业厅）打造成以家电展示及销售为主营业务的线下节能家电推广点，在有效提升用户感知及黏性的同时创造新的盈利点。目前，中华电力已自建了5家客户服务中心（智能体验馆）。以旺角客户服务中心为例，该中心共4层，面积约300m^2，员工6人，月营业额约300万港币。

中华电力品牌logo如图2-6所示，其左侧是中华电力的英文缩写（China Light & Power Co，CLP），右侧是中电集团繁体字缩写，中间部分既为中国的中字，也可拆分为CLP三个字母。中华电力的目标是成为亚太区最具领导地位而负责任的能源供应商，代代相承。

图2-6　中华电力品牌logo

（二）新零售业务模式

1. 业务内容：6种技术+6大领域

中华电力推广的节能技术主要包括电炊具、电热水器、照明、空调、抽湿、干衣6种技术，主要应用于商场、酒店、医院、洗衣店、餐饮店、公共机构6个领域。

2.服务举措：为高需求用电客户和大量用电客户节提供节能改造服务

针对高需求用电客户和大量用电客户，主要通过开展节能嘉奖及讲座等活动来增进与客户的关系，深入推动客户实施节能改造。针对中小企业客户，主要通过“节电智多赏”和“绿倍动力”计划来推动企业实施节能改造；通过网站发布或举办讲座等形式，免费为企业提供节能咨询；开展节能审核，并提出节能改造建议，推动企业降低运营成本。

3.盈利模式：政府资金支持

中华电力投资客户的节能项目既可增强用户粘性，又可获取政府资金奖励。客户经理开展节能潜力调研，对有节能改造潜力及改造意愿的客户，自行或联合相关专业机构为客户开展能效诊断，客户可自由选择中华电力下属的中电建设工程公司或其他企业实施节能改造工程。改造完成后，中华电力根据客户签订的节能改造合同测算节能量，并按年度汇总后向政府报告。政府核定后，测算中华电力在节能方面的年度收益值，并给予中华电力等额的资金支持。其中，35%资金归中华电力股东所有，65%纳入节能专项资金。

4.合作模式：自营+平台

店面内销售的部分产品由中华电力自营，自主备货、销售、安装。其他产品采用渠道合作模式，中华电力获取客户订单后由专业的家电销售商承接后续的服务。

（三）新零售运营体系

1.营销推广：强化实物展示和体验

整合门户网站、App、社交媒体、体验馆等线上线下渠道，融合推广家电。客户既可以线下体验、线上下单，也可以线上活动、线上下单、线下提货。线下体验主要包括常规家电展示及推广，通过实物展示、线上（App）展示、多媒体互动展示等方式，宣传推广性价比高、能效高、有一定价格优势的常规白色电器。

2.线下渠道：中电智能体验馆

中华电力的营业厅设计布局上，充分展示了电力环保、安全、智能、便捷的生活方式，同时结合AR等多种展示方式，创造良好的客户体验，引导客户进行电能替代消费。展厅内设置包括电视机、洗衣机、冰箱、冷气机、电灯和空气清新机等全套名牌智能家庭电器以推广智能生活的优点。所有智能家电均可通过平板电脑和手机进行控制。

电磁炉在香港日渐普及。为推广电磁炉煮食的优点，体验中心设置了一套设备齐全的煮食柜台，可供八位客户和一位厨师展示厨艺。客户可在网上报名参加定期由城中名厨主理的厨艺班。

为了增强客户的购物体验，一些精选货品配有AR感应器展示卡。当客户拿起展示卡，电视屏幕便会出现介绍该款产品的AR特别效果和影片。

五、苏宁易购

（一）概况

苏宁易购集团股份有限公司创办于1990年12月26日，是中国领先的智慧零售商，经营商品涵盖传统家电、消费电子、百货、日用品、图书、虚拟产品等综合品类。2015年开始新零售模式转型，截至2019年，全场景苏宁易购线下网络覆盖全国，拥有苏宁广场、苏宁易购广场、家乐福社区中心、苏宁百货，苏宁小店、苏宁零售云，苏宁极物、苏宁红孩子、苏宁体育、苏宁影城、苏宁汽车超市等各类创新互联网门店13000多家；线上通过自营、开放和跨平台运营，跻身中国B2C行业前列。线上线下的融合发展引领了零售发展新趋势。

（二）新零售业务模式

1.商业模式：以O2O运营策略为基础的智慧零售

苏宁的新零售模式是指苏宁充分利用互联网、物联网、大数据和人工智能等技术，构建商品、用户、支付等零售要素的数字化，采购、销售、服务等零售运营的智能化，凭借更高的效率和更好的消费体验给用户提供商品和服务，其实质是以O2O运营策略为基础搭建智慧零售体系。

苏宁的O2O运营策略是指以互联网为依托，打造“互联网+”渠道、商品和服务的新型零售模式，即“一体、两翼、三云、四端”的布局。

2.模式布局：一体、两翼、三云、四端

一体：指苏宁将互联网零售作为O2O模式的主体，借助云计算、大数据等技术的应用，完善入口、渠道、品类、支付、物流和售后等环节的建设，创新商品经营模式，提升客户消费满意度。

两翼：指O2O线上线下的发展与融合经营。苏宁易购是苏宁的线上平台，实体门店是苏宁的线下渠道。苏宁易购为进驻的卖家提供网络销售平台、物流配送和支付结算等综合服务，线下实体门店具备销售、体验、服务和精准营销四大功能。

三云：指物流云、数据云和金融云，是苏宁为利益相关者提供的开放性资源。物流云指苏宁的物流网络覆盖全国90%的区县，推出半日达、急速达、一日三送等特色服务；数据云指苏宁为第三方合作伙伴提供大数据分析、渠道管理和精准营销等服务；金融云是一个开放合作的金融平台，目前推出了易付宝、理财、任性付等金融服务。

四端：即为门店端、电脑端、移动端和电视端融合提供全场景服务。门店端既包括传统的线下实体门店，也包括新兴的苏宁云店；电脑端指电脑页面的苏宁易购；移动端指苏宁易购App；电视端指苏宁从2013年起开始投资的PPTV智能电视，通过注资PPTV布局抢占未来家庭电视端的最大入口。

3.供应链体系：精准物流+智慧供应链

苏宁物流通过投资整合和自建，涵盖仓储、运输、配送全套流程，是覆盖广泛、交付能力快捷、高效的消费品仓储服务和智慧物流服务平台，实现精准物流交付服务。在供应链构建方面，从传统的供应链模式“生产—销售—顾客”演变为“顾客需求—销售端反馈—生产端—销售端—顾客”。凭借科技工具，苏宁整个智能供应链已经能够实现反向定制、预测销售、库存补货、物流路线布局到最后一公里等整个供应链智能化运营。

（三）新零售运营体系

1.营销推广：SMART智慧营销策略

苏宁借助SMART智慧营销策略布局实施智慧零售体系。SMART智慧营销策略的含义是S（scene）全场景、M（media）全媒介、A（data）全数据、R（user）全人群、T（industry）全产业链。苏宁借助O2O运营策略，融合线上线下全场景，依靠全媒介形式获得消费者的全部数据，从而覆盖全人群，打通产业链，达到最大整合资源的效果。

2.场景构建：两大一小多专

在O2O运营策略的基础上，苏宁的智慧零售体系可以概括为“两大、一小、多专”，如图2-7所示。其中，“两大”指借助苏宁广场和苏宁易购广场打造消费场景，承载零售科技应用和用户体验的入口；“一小”指以苏宁小店为连接，完成商品到消费者手上最后一公里的距离，将苏宁的产品植入到消费者周边的线下市场；“多专”指苏宁易购的加盟店，以及苏鲜生、红孩子、苏宁极物等多种类型的不同消费场景。苏宁通过“两大一小多专”的智慧零售布局将消费场景做全、做密，从而满足消费者在任何时间和空间的不同消费需求。

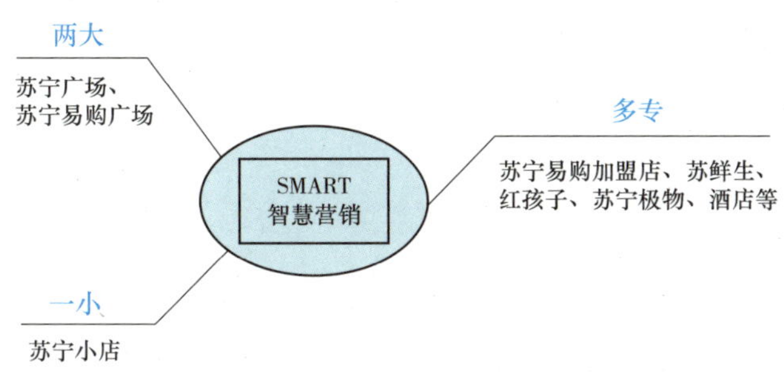

图2-7　苏宁SMART智慧营销策略

六、盒马鲜生

（一）概况

盒马鲜生是阿里巴巴对线下超市完全重构的新零售业态。盒马鲜生是超市，是餐饮店，也是菜市场。消费者可到店购买，也可以在盒马App下单。而盒马鲜生最大的特点之一就是快速配送：门店附近3公里范围内，30分钟送货上门。盒马鲜生多开在居民聚集区，下单购物需要下载盒马App，只支持支付宝付款，不接受现金或银行卡等任何其他支付方式。阿里巴巴为盒马鲜生的消费者提供会员服务，用户可以使用淘宝或支付宝账户注册，以便消费者从最近的商店查看和购买商品。盒马鲜生未来可以跟踪消费者购买行为，借助大数据做出个性化的建议。2019年6月11日，盒马鲜生入选“2019福布斯中国最具创新力企业榜”。

盒马鲜生品牌logo如图2-8所示。

图2-8　盒马鲜生品牌logo

（二）新零售业务模式

1.用户群体定位

随着消费的不断演进与升级，“80后”“90后”的年轻群体表现出相对明显的特征，他们对服务的重视程度越来越高，而对价格的敏感程度又远低于其他年龄段的人群。盒马鲜生洞察到了这个人群的痛点，通过半成品、成品、海鲜加工等方式来满足他们的需求。

2.产品服务体系

盒马鲜生致力于为用户提供当日采摘包装的生鲜食材，用户通过手机App下订单，门店附近5公里范围内支持配送、门店自提。同时线下门店采用超市和餐饮相结合的模式，提供海鲜吧、茶饮区等服务。

站在商家角度，进店的人既有生鲜购买的价值，也有增值餐饮服务的价值。站在用户角度，他买的不是你的产品，而是自己需求的解决方案。盒马鲜生成功的关键因素是给目标用户提供了一个完整的、吃到生鲜产品的解决方案。

3.服务模式

进入盒马鲜生的实体店里，你可以边逛边吃，也可以下载App，享受线上下单、30分钟送达的便捷（配送区域内）。正是这样的服务形式，打造了一个“超市+餐饮+物流+App”的负荷功能体，也就是盒马鲜生内部所称的“一店二仓五中心”，即一个门店的前端为消费区，后端为仓储配送区，囊括超市中心、餐饮中心、物流中心、体验中心以及粉丝运营中心。这种设计既充分满足了现代年轻人的消费需求也解决了他们面临的实际问题。

4.物流体系

与传统零售的最大区别是，盒马鲜生运用大数据、移动互联、智能物联网、自动化等技术及先进设备，实现人、货、场三者之间的最优化匹配，从供应链、仓储到配送，盒马鲜生都有自己完整的物流体系。

（三）新零售运营体系

1.营销策略

盒马鲜生采用不同的店铺设计，布置和装潢凸显现代感和档次感，着力营造高端氛围。产品货架的高度基本在1.5m左右，满足大部分人群平视且拿取方便的需求，合理的动线设计和室内高亮的灯光以及卖场区的包裹传送带也改善了用户的购物体验，增强了其对线上服务的信任。盒马鲜生以生鲜类产品为主要售卖对象，因此采用贴体包装的方式，不但能更好地保持了事物的新鲜度，还增强了用户的购买欲望。

2.线上渠道

为了培养用户的移动支付习惯，盒马鲜生早期把其App作为门店唯一的支付入口，消费者必须下载盒马App并注册会员，才能使用支付宝账户完成支付。从这个意义上讲，盒马鲜生其实是支付宝的会员体验店。

盒马App包含了一般会员卡筛选用户（习惯使用手机支付的消费人群）、准入（无盒马App无法结算）、支付（绑定支付宝账号）和绑定用户（售后和优惠码兑换）等功能，将线下流量强行导到线上。这样不仅有利于培养用户使用盒马App和支付宝的习惯，还可以帮助盒马掌握用户数据，方便其针对个人喜好和消费习惯进行精准营销。

七、对电力企业开展新零售的启示

（一）明确目标客户，打造国网特色产品服务体系

中石化、中石油、中华电力、苏宁易购、盒马鲜生均致力于构建符合自身特色的产品服务体系，瞄准目标客户群体，深挖其需求，持续优化商品品类选择，由甄选商品逐渐向产业链上游延伸，有效拉动了销售额的持续增长。

电力企业可以借鉴“自有品牌+集中统采+区域特色”产品体系设计管理方式，明确能源电商新零售市场发展定位，深入分析关键目标客户群体消费需求，以用户为中心，深挖城乡、工商电力用户个性化需求，推出差异化的产品，发挥一线营销人员贴近客户的优势，采取“小步快跑、快速迭代”的方式，严选产品及供应商，提升品牌价值，逐步建立具有绿色、节能、智慧的特色产品服务体系，打造核心竞争优势。

（二）完善平台建设，支撑线上线下业务无缝融合

中国邮政、中华电力、苏宁易购、盒马鲜生聚焦目标消费群体，注重用户对服务及场景的体验式需求，充分运用互联网思维，打造具有行业特色的线上线下一体化、供给需求一体化的新零售平台。

电力企业应对标主流电商平台，加强网上国网“e享家”专区建设，快速迭代、不断优化，持续完善平台功能，打通线上线下渠道，简化购物流程，实现国网商城网站、

电e连App、社交媒体平台以及线下营业厅的高效融合，联合新零售试点营业厅打造线上线下一体化服务场景；提升支付结算、物流配送、售后服务能力，打造无忧购物平台；丰富活动内容，创新活动形式，打造用户关注度高、参与性强的活动栏目，增加用户黏度，提升线上线下相互引流的能力。

（三）健全组织保障，打造线下营销推广专业团队

苏宁易购、中国邮政、中石化均构建了组织精简高效、职责分工明确、人员搭配合理的组织保障体系，依托线下门店资源优势，打造了专业的线下服务团队，能够为用户提供高效的售前、售中、售后一条龙服务，为客户带来良好的服务体验。

电力企业应充分利用各省公司、电商公司、电动汽车公司等内部组织及人力资源，一方面通过开展电管家培训，逐步打造一支专业、高效的线下推广服务团队；另一方面，根据业务发展需要，借鉴中石化易捷、苏宁易购的专业团队建设模式，适时启动，逐步构建专职、专业的线下团队。

（四）链接优质资源，加快能源电商生态体系建设

中石化坚持“为客户创造美好生活”的服务宗旨，依托易捷加油新零售平台，联合社会服务商，为广大会员和车主提供综合性多元化服务，全力打造轻松便捷的“人·车·生活”生态圈。苏宁易购创建以消费者为中心的全场景、全渠道、全品类的智慧零售业务生态，实现零售核心能力和资源的输出，赋能行业与社会。

电力企业应充分发挥品牌、渠道、客户、团队、平台等优势，与苏宁易购、京东等国内一流的供应链及平台商，与海尔、格力、美的等电器设备制造商及优质车企广泛开展合作，在商品目录丰富、热销产品遴选、营业厅设计与布局、供应链与物流保障等方面，充分借助外力，快速提升公司新零售业务的推广能力，加强与产业链上下游企业的交流合作，构建共建、共享、共赢的能源电商新零售生态体系，发挥引领带动作用，服务经济社会发展。

（五）强化营销协同，推动新零售与主业互促融合

中石化依托品牌价值、油品市场主导、营销网络、线上线下融合等一系列优势，通过营销场景强关联、客群相互导流和营销协同互促等方式，有效带动非油品业务的快速发展，油非互动的成效显著；中国邮政发挥其遍布各县、乡镇、村的线下站点的优势，

带动日用百货及农产品销量的同时，促进主营邮政业务订单量的增长，持续增强用户黏性，实现新零售与主业的相互促进。

电力企业应深入学习借鉴中石化、中国邮政新零售与主业互促融合的发展经验，依托电力主业进行服务延伸，不断进行业务拓展与创新，利用线上线下渠道和资源优势，深挖客户需求。发挥“网上国网”4亿海量用电客户的核心优势，最大限度挖掘用户大数据等资源价值，开展家庭能效分析与服务、企业节能咨询、需求侧响应等增值延伸服务，实现流量的转化与分发，促进用户流转，推动新零售与主营业务深度融合、良性互动。

八、电力新零售商业模式探究

（一）商业模式定义

商业模式的定义：为实现客户价值最大化，把能使企业运行的内外各要素整合起来，形成一个完整的高效率的具有独特核心竞争力的运行系统，并通过最优实现形式满足客户需求、实现客户价值，同时使系统达成持续赢利目标的整体解决方案。

泰莫斯定义的商业模式是指一个完整的产品、服务和信息流体系，以及每一个参与者的潜在利益和相应的收益来源和方式。在分析商业模式过程中，主要关注一类企业在市场中与用户、供应商、其他合作伙伴的关系，尤其是彼此间的物流、信息流和资金流。

（二）商业模式要素

商业模式是一个非常宽泛的概念，与商业模式有关的说法很多，如运营模式、盈利模式、B2B模式、B2C模式、“鼠标加水泥”模式、广告收益模式等。商业模式是一种简化的商业逻辑，需要用一些元素来描述这种逻辑，这些元素组成了商业模式画布，如图2–9所示。

客户细分：用来描述一个企业想要接触和服务的不同人群或组织。如：我们正在为谁创造价值？谁是我们最重要的客户？

价值主张：用来描绘为特定客户细分创造价值的系列产品和服务。如：我们该向客户传递什么样的价值？我们正在帮助客户解决哪一类难题？我们正在满足哪些客户需求？我们正在提供给客户细分群体哪些系列的产品和服务？

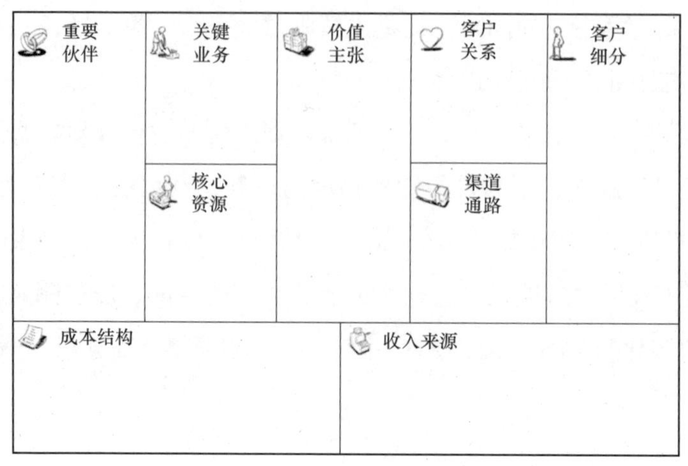

图2-9 商业模式画布

渠道通道：用来描绘公司是如何沟通接触其客户细分，从而传递其价值主张。如：通过哪些渠道可以接触我们的客户细分群体？我们如何接触他们？我们的渠道如何整合？哪些渠道最有效？哪些渠道成本效益最好？如何把我们的渠道与客户的例行程序进行整合？

客户关系：用来描绘公司与特定客户细分群体建立的关系类型。如：我们与每个客户细分群体希望建立和保持何种关系？哪些关系我们已经建立了？这些关系成本如何？如何把它们与商业模式的其余部分进行整合？

收入来源：用来描绘企业从每个客户群体中获取的现金收入（需要从创收中扣除成本）。如：什么样的价值能让客户愿意付费？他们现在付费买什么？他们是如何支付费用的？他们更愿意如何支付费用？每个收入来源占总收入的比例是多少？

核心资源：用来描绘让商业模式有效运转所必需的最重要的因素。如：我们的价值主张需要什么样的核心资源？我们的渠道通路需要什么样的核心资源？我们的客户关系呢？收入来源呢？

关键业务：用来描绘为了确保其商业模式可行，企业必须做的最重要的事情。我们的价值主张需要哪些关键业务？我们的渠道需要哪些关键业务？我们的客户关系呢？收入来源呢？

重要合作：让商业模式有效运作所需的供应商与合作伙伴的网络。如：谁是我们的重要伙伴？谁是我们的重要供应商？我们可从伙伴那里获取哪些核心资源？合作伙伴都执行哪些关键业务？

成本结构：运营一个商业模式所引发的所有成本。如：什么是我们商业模式中最重要的固有成本？哪些核心资源花费最多？哪些关键业务花费最多？

以上元素组成了商业模式画布，将商业模式涉及的九个关键模块整合到一张画布之中，可以灵活地描绘或者设计商业模式。

（三）能源电商新零售商业模式设计

1. 业务战略定位分析

（1）SWOT分析。

1）优势分析：

- 国家电网作为世界一流品牌，拥有世界上最庞大的电网资产和雄厚的技术、人才、客户资源优势，掌控电网互动的主动权。
- 国家电网公司拥有国内成套能力最强的电工装备产业集群，形成了交直流、全系列、全电压等级输配电装备及芯片、软件等电力信息化产品线。
- 国家电网公司自2016年开始布局电商业务，拥有长期合作的优质供应商，依托物资采购规模优势获得更加优惠的价格，具备货源保证和成本优势。
- 国家电网公司供电服务人口超过11亿，占据客户用电信息资源入口绝对优势，拥有庞大的用户数据资产。
- 目前已建成了“网上国网”等线上平台，拥有专业高效的客服团队。
- 线下渠道，国家电网公司拥有超过2万家供电营业厅和40多万名一线服务人员，可为客户提供全业务、多元化的服务。

2）劣势分析：

- 国家电网公司作为大型央企，采取自上而下的统一管理模式，人、财、物高度集中，决策流程长，审批效率慢，缺乏足够的市场灵活性。
- 新零售业务作为新兴业务，需要不断完善业务运营机制，加快探索创新商业模式，在实现与监管业务有效隔离前提下，充分利用公司已有的基础设施和营销服务资源。
- 产品市场同质化现象严重，尚未建成具有国网自身特色的产品体系，以降价来取得竞争优势的市场营销策略难以长期维持。
- 一线人员缺乏市场开拓意识和产品销售技能，激励手段和措施缺乏灵活性。

3）挑战分析：

- 受宏观经济下行、零售行业不景气等环境影响，全国消费品零售额持续下降，且部分家电市场保有量触顶，传统家电业务发展空间受限。同时，电动汽车属于高价商品，销量受经济下行的影响较大。

●家电行业准入门槛较低，市场竞争激励，国家电网公司新零售业务缺乏核心竞争力，难以形成可持续的利润增长点。同时，由于国家电网公司的电动汽车业务难以形成规模效应，导致拿不到低价车源，在与专业的汽车经销商竞争中始终处于劣势。

●国家电网公司属于国资委监管企业，利用营业厅、电管家及“网上国网”等主业资源开展新零售业务，可能面临监管、行风、服务等风险。

4）机遇分析：

●2019年以来，国家发改委等部门提出促进家电和消费产品更新换代、推进家电消费升级和可持续发展等要求。2020年，工信部等三部委发布《关于开展新能源汽车下乡活动的通知》，国家电网公司出台了一系列支撑新能源汽车下乡的措施，为公司开展新零售业务提供了政策支持。

●2020年，政府工作报告提出要“支持电商、快递进农村”。目前农村居民可支配收入不断增加，乡村家电保有量较低，新增需求快速增长，乡村电器市场潜力巨大。同时，随着2020年国家开展新能源汽车下乡活动，乡村电动汽车市场的潜力逐渐被挖掘和释放，为新零售业务提供了广阔的市场空间。

●消费者对具备智能物联功能的高端家电产品需求不断上升，家电更新换代需求不断增长，为家电市场注入新的发展活力。同时，电动汽车市场规模不断扩大，随着中国电动汽车产业链的不断成熟，消费者购车、换车后服务市场以及周边产品市场空间不断扩大，为新零售业务注入新动力。

（2）业务定位。结合能源电商新零售业务的SWOT分析，得到电力新零售业务的定位如下：

以促进能源消费变革、服务人民美好生活、助力国家电网公司提质增效为目标，充分发挥省公司属地资源优势和直属产业单位专业优势，构建以电动汽车、智慧电器、光伏、金融保险为核心的国网特色产品服务体系，建立高效顺畅的运营机制，探索公司市场化业务高质量发展路径，培育国家电网公司新的利润增长点。

新兴业务发展的“先行者”：探索新形势下能源电商新零售业务发展路径，实现监管业务与新零售业务有效隔离，合理规避风险，为国家电网公司市场化业务高质量发展提供一套可复制、可借鉴的成功模式和经验，培育公司新的利润增长点。

产业单位发展的“推动者”：打造国内领先的能源电商产品服务一站式采购专业服务平

台，助力电动汽车、电商等新兴业务高质量快速发展，带动供应链上下游企业共同发展。

智慧用能服务的“引领者”：推广普及具有国网特色的“绿色、节能、智慧”终端电气设备及电动汽车等产品及服务，提高电能在终端消费中的占比，拓展用能优化和大数据服务，打造智慧、高效的用能服务体验，降低用户用能成本，更好满足人民群众美好生活的用电需求。

2. 商业模式设计

结合能源电商新零售业务的各关键要素，对商业模式画布进行填充，完成能源电商新零售业务商业模式的模型设计，如图2–10所示。

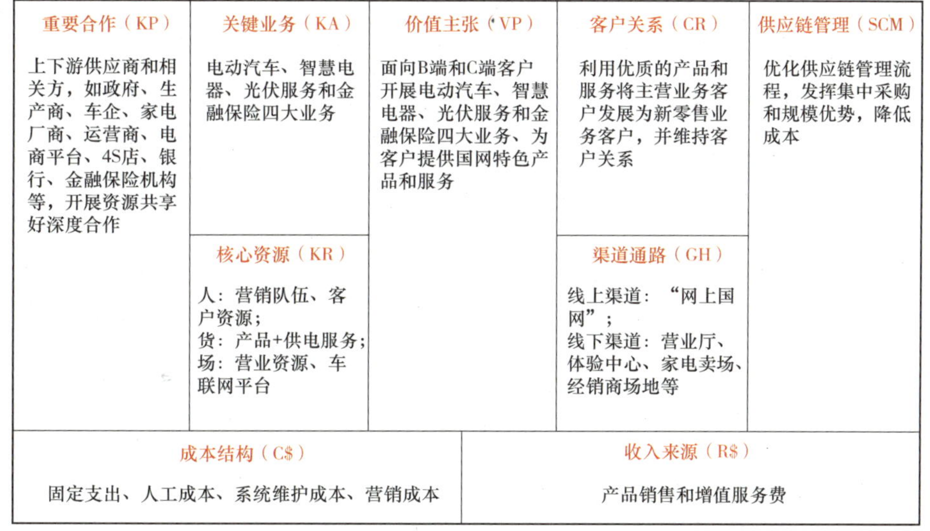

图2–10　新零售商业模式画布

（1）价值主张。面向B端和C端客户开展电动汽车、智慧电器、光伏服务和金融保险四大业务，为客户提供国网特色产品服务。推广普及绿色、节能、智慧的终端电气设备，提升城乡居民电气化水平，拓展智慧用能服务，服务人民美好生活，开展消费扶贫，助力脱贫攻坚。

（2）渠道通道。线上渠道以“网上国网”客户端为统一入口，为客户提供商品展示、订单支付、售后服务等功能；线下渠道包括营业厅、一线营销服务团队以及电动汽车体验中心、家电卖场、经销商场地等。

（3）供应链管理。优化供应链管理流程，向上合作厂商、运营商，向下借助各省资源触达终端客户。发挥集中采购优势，降低成本，为客户谋取福利。做好厂商与客户的精准链接，产品触达客户。

（4）客户关系。能源电商新零售业务客户包括B端政府和工商业企业客户以及C端普通居民客户。在客户关系的维护方面，借助国家电网公司的巨大客户群体和优质的供电服务带来的良好口碑，为新零售业务带来了巨大的潜在客户；在客户关系方面，主要是利用优质的产品和服务将主营业务客户发展为新零售业务客户，并维持客户关系。

（5）收入来源。新零售业务的收入来源主要包括产品销售和增值服务费。销售的产品包括电动汽车、家用电器、光伏产品及在线上平台销售的其他产品。能够提供的增值服务包括：面向光伏投资商、生产商、运营服务商和各级政府，提供信息分析、趋势预测、设备代维、市场化售电等增值服务，面向普通用户提供电动汽车金融保险服务等。

（6）核心资源。新零售业务的核心资源包括人、货、场。

1）人：国家电网公司是全球最大的公用事业企业，供电服务人口超过11亿人，用户类型覆盖大工业至居民用户，占据客户用电信息资源入口的绝对优势，20多万一线人员通过用电检查、抄核收等服务与用户联系紧密。国家电网公司连续14年名列中国服务企业500强榜首，安全稳定的供电服务和“人民电业为人民”的服务宗旨为公司带来了良好的品牌认可度和影响力。

2）货：国家电网公司先后于2015年、2016年成立了国网电动汽车公司、电商公司，并拥有英大集团下泰和、长安等专业金融保险机构，在电动汽车、电器、金融保险领域具备相对领先的技术优势和市场优势，拥有长期合作的优质供应商，能够为新零售业务提供高品质的产品和服务。

3）场：国家电网公司经营区域覆盖26个省（自治区、直辖市），覆盖国土面积的88%以上，线下供电营业厅超过2万家，建成了“网上国网”、全球最大的智慧车联网平台等线上平台，拥有专业高效的客服团队和95598统一客户服务体系，设立了400新零售业务客服专线。

（7）关键业务。面向B端和C端客户开展电动汽车、智慧电器、光伏服务和金融保险四大业务。一是电动汽车业务：提供家用、公务、公交、物流、出租等多类型车辆租售服务，配套充电桩销售、安装及代运营；二是智慧电器业务：开展智能物联家电及商用电器宣传、推广、租售，提供能效服务；三是光伏服务业务：开展光伏组件销售，提供咨询、建站、并网、运维、结算等一站式光伏服务；四是金融保险业务：提供财产损失保险、责任保险、信用保险、保证保险、人寿保险、健康保险、意外伤害险等产品。

（8）重要合作。梳理产业链上下游关系和相关方，例如政府、车企、家电厂商、运营商、电商平台、4S店、银行、金融保险机构等，开展资源共享及深度合作。

（9）成本结构。

1）固定支出：采购成本、渠道建设成本等。

2）人工成本：专业销售人员、售后服务人员、客服人员等。

3）系统维护成本："网上国网"e享家、95595平台、车联网平台等。

4）营销成本：营销活动、促销宣传、激励等。

第三节　把品牌塑造成消费者的梦想

品牌是指消费者对产品及产品系列的认知，是给拥有者带来溢价、产生增值的一种无形的资产，同时品牌的塑造能力是衡量一个企业能否获得潜在消费者的重要标准。好品牌的建立可以传达出产品与企业所要传达的信息，也是表现企业形象的手法之一，在消费者与企业间则具有很大的影响力。电力企业开展新零售业务，需要塑造自身的品牌知名度、美誉度和忠诚度，通过建立品牌优势来刺激和吸引消费者。

一、如何塑造优质品牌形象

（一）塑造优质品牌对企业的意义

品牌是建立在消费者心目中的，是产品与消费者之间的关系和纽带，成功的品牌能抓住消费者的心。建立和塑造优质品牌形象远不止填写有限责任公司的文件和开一个企业银行账户，也不仅仅是一个企业的标志或口号，它是人们看到你的商标或听到你的名字时的感受。品牌是世界上最强大的营销工具。对于个人和企业来说，建立自己的品牌是决定成功、平庸和失败的关键。然而，品牌的形成是长期繁复的巨大工程，非一朝一夕所能完成。品牌的塑造犹如攀升阶梯一般，需经过一步步地累积、不断地提高段位，最后登上成功的颠峰。

构建品牌识别是品牌塑造的主要任务，其本质就是企业的声誉。品牌识别由多种因素组成，如企业价值观、沟通风格、产品提供、商标、调色板等。这些元素都有助于向外界描绘企业的品牌，外界对这些因素的看法最终会成为企业的品牌身份。

企业的品牌甚至可以影响定价策略。消费者愿意为他们信任的品牌支付高价，星巴克就是一个很好的例子。为什么人们愿意为一杯简单的咖啡支付这么高的价格呢？是因为星巴克成功塑造了品牌。无论人们是在北京、香港、洛杉矶、纽约、巴黎还是罗马，当走进一家星巴克的时候，他们都知道自己要买的是什么。人们可以在加油站或当地的便利店花上几分之一的钱买到一杯更多的咖啡，但这些地方没有星巴克那样的品牌影响力。星巴克不卖咖啡，他们在销售一种感受、一种品牌。这就是努力建立一个品牌的重要原因。

（二）塑造优质品牌的六个要点

1.明确建立品牌的目的

众所周知，企业的主要目标是盈利，但盈利并不是企业建立品牌形象的主要目的，这必须超越你所提供的产品或服务。例如，假设某公司提供预先做好的饭菜在线售卖，那么它建立品牌的目标是什么？显然不只是卖食物本身，而是为那些忙于自己做饭而无暇顾及健康的专业人士提供营养和便利。一旦企业深入挖掘并真正定义了品牌目标，就可以把这个目标写进一份好的使命宣言中。使命陈述的“为什么”部分是最为关键的方面。这对消费者来说是最重要的信息，也是区分做同样事情的企业的重要因素。

建立品牌的目标将最终定义品牌。它为团队和员工的行为设定了标准，并成为客户从企业购买产品时的期望。

2.确定品牌的目标受众

确定目标受众是品牌最重要的内容之一。如果忽视了这一步，品牌建设战略的其余部分将会受到影响。企业的业务并不适合所有人，不应试图吸引地球上的每一个人。品牌是营销的一个组成部分，企业需要像对待其他市场活动一样对待品牌策略。

3.为品牌创造独特的话语体系

一旦确定了目标市场，企业必须开发出一个品牌的话语体系，向目标消费者传递信息。企业的所有品牌宣传应该在所有渠道中都有一致的话语体系。从主页到博客、社交媒体帖子和广告，企业的话语体系必须与目标受众产生共鸣。销售冲浪板的企业不应拥有与律师事务所相同的品牌话语体系，销售企业SaaS软件的B2B公司也不应该与销售服装的零售商拥有相同的品牌话语体系。

4.讲述品牌故事

品牌故事包含了以上三个方面的内容。把品牌故事当作使命陈述中“为什么”的延伸版本。

以TOMS为例。TOMS卖鞋，但这不是该品牌所代表的全部内容。这个品牌也向有需要的人捐赠鞋子，该公司将其利润的三分之一用于支持全球各地的员工。该公司的创始人在国际旅行时看到了没有鞋穿的孩子们所面临的困难。这激发了他创立一家为贫困儿童提供鞋子的公司。这个品牌故事的基调适合它的目的，它是温暖人心的，旨在呼吁那些想要帮助别人的人。TOMS并没有试图与耐克或阿迪达斯等运动鞋公司竞争，他们的慈善方式使其独树一帜。这些在TOMS品牌的故事中都有清晰的描述。

5.设计品牌的视觉元素

人们通过logo、色彩体系等识别一家企业，这些都是设计一个品牌的起点。当人们看到麦当劳的金色拱门或星巴克的人鱼时，立即便知道他们代表什么。一些简单的东西，比如徽标中公司名称的字体，就能很好地说明企业的品牌身份。

6.建立品牌差异化

企业品牌在行业中应独树一帜。企业需要花时间研究竞争对手，通过研究竞争对手，能够发现哪些品牌策略有效、哪些应该避免。在一个饱和的市场中，尽量不要遵循和其他企业完全一样的品牌战略。如果这些企业的品牌做得很好，那么对于新企业的进入并取得成功将是一个挑战。消费者会对现有品牌保持忠诚。例如，如果企业想要开一家快餐企业，若试图复制麦当劳的品牌将是一场灾难，企业需要找到另一个市场定位和方法。

7.打造品牌

从本质上来说，品牌的打造是品牌价值定位的选择和将这个价值传递给消费者的过程。企业建立了品牌策略，就需要展示给公众，如设计企业网站、创建社交媒体档案等，在尽可能多的不同的营销渠道上建立企业形象。品牌打造可分成四个核心板块：品牌价值塑造、品牌价值放大、品牌价值实现和品牌价值保障。这四个板块做得越强，品牌竞争力和发展力就越强。

二、如何形成品牌效应

品牌效应是指品牌在产品上使用时为品牌的使用者带来的效益和影响，是品牌使用的作用。品牌通过其内涵的信息系统及市场对它的反应评价，影响市场的行为，产生有利于该企业的行为偏好，成为企业的无形资产而发挥功能，实现其经济价值，推动企业的成长。大量中外企业的实践证明，品牌是促进企业成长的主要动力，而且品牌对企业的贡献随着企业的成长而日益扩大。品牌效应是商业社会中企业价值的延续，在当前品牌先导的商业模式中，品牌意味着商品定位、经营模式、消费族群和利润回报。

品牌效应主要表现在：

（1）品牌可以保护生产经营者的利益。经注册之后的品牌，成为企业特有的一种资源，受到法律保护，其他企业不得仿冒和使用。若发现冒牌商品可依法追究并索赔。

（2）品牌是有效的推销手段。品牌在产品宣传中，能够使企业有重点地进行宣传，简单而集中，效果迅速且印象深刻，有利于在产品销售中使消费者熟悉产品，激发购买愿望。

（3）品牌可以帮助消费者识别和选择商品。品牌效应在产品宣传中产生。消费者购买商品不可能都经过尝试后再购买，主要依品牌效应而购买。一个品牌如果知名度高，即便消费者未经使用，也会因品牌效应而购买。品牌效应的产生既可能是因为经营者自身的宣传，也可能是因为其他消费者对品牌的认可而产生。

形成品牌效应要注意以下要点：

（1）注重产品质量。产品要出品牌，首先要保证产品质量。因为只有质量过得硬的产品才能受到消费者的欢迎。

（2）生产不断推陈出新。要不断提高劳动生产效率，要不断创新。因为对于一个企业而言，只有创新才有活力。

（3）追赶社会潮流。企业生产出来的产品，要符合市场需要，要与社会潮流接轨，绝不能够盲目去生产。

（4）不断更新自身的知识。如今新知识新科研层出不穷，企业要不断接纳这些新知识新科研，以适应时代发展的需要。

（5）积极参与市场竞争。任何品牌效应的产生，都不是孤立产生的，更不是独立完成的。企业要适应市场的竞争，并且要不断参与竞争。

（6）有目的地进行广告宣传。为了把自己的产品努力推向市场，让消费者了解并逐渐接受品牌，可以进行广泛的广告宣传。

三、卓越服务打造电力企业特色品牌

通过前述相关概念和案例的剖析可知，品牌是企业的重要无形资产，是企业发展战略的重要组成部分。习近平总书记指出，企业要实现“中国制造向中国创造转变、中国速度向中国质量转变、中国产品向中国品牌转变”，为品牌发展指明了方向。我国电力企业要持续提升国际竞争力，必须塑造世界一流品牌。以国家电网公司为例，2020年8月5日，由世界品牌实验室（World Brand Lab）主办的2020年（第十七届）世界品牌大会在北京举行。会上发布了《2020年中国500最具价值品牌》榜单，国家电网以5036.87亿元的品牌价值蝉联本年度最具价值品牌榜首，品牌价值较上年增长461.51亿元，连续14年攀升，这是国家电网品牌连续第五年位居该榜榜首。

当前，国家电网公司提出“建设具有中国特色国际领先的能源互联网企业”的战略目标，“品牌价值领先”是其重要内涵，必须聚焦积极讲好“国网故事”，传递“国网声音”，彰显了“创新国网，责任国网”的品牌形象，为企业和电网的发展赢得更多的理解和支持。要实现品牌价值领先，通过提升经营实力、服务品质和品牌影响来打造电力企业特色品牌是根本途径。

（1）提升经营实力。实现领先的能源电力市场竞争力，市场和客户需求响应速度行业一流，电能替代的广度和深度持续拓展，能源消费侧再电气化水平显著提高，综合能源服务的规划设计、建设管理、运维服务等核心竞争力行业领先，创新引领商业模式发展，打造一批先进典型示范项目，初步建成一批具有较强竞争力和成长性的综合能源服务领域头部企业。

（2）提升服务品质。实现领先的公用事业客户服务，聚焦人民电业为人民，积极推动变革服务方式、创新服务手段、优化服务流程、丰富服务内涵，持续优化电力营商环境，着力提升便捷程度、客户体验和价值创造能力，实现一体化线上服务、便捷温馨服务、主动增值服务，全面打造高效率办电、高品质服务、高质量供电的电力营商环境，创建国内营商环境品牌、树立全球第一流标杆。

（3）提升品牌影响。打造领先的能源互联网服务，聚焦能源发展态势和客户多元用能需求，深化能源技术与物联通信技术研发应用，推动各类新型交互式用能设施高效接入、状态全面感知、需求深度挖掘、生态开放共享，提升全社会用能效率，促进能源消费再电气化进程，促进源网荷储智能互动和全社会用能效率大幅提升，持续增强能源服务价值创造力和品牌影响力。

未来，电力企业应以建成理念先进、管理科学、广受尊重、积淀深厚的国际领先品牌为目标，坚持“可靠可信赖”的品牌核心理念，讲好品牌故事，提升品牌美誉度，完善品牌管理，做好品牌保护，建立品牌架构体系，形成具有我国电力企业特色的品牌建设工作体系。

第三章 洞察新零售

第一节　宏观视角下的电力新零售

伴随供给侧结构性改革持续深入，零售企业加快转型步伐，成效凸显。零售企业供给侧改革不但有利于自身行业发展，而且对促进消费、调整企业产品结构和数量都有重要作用。

2016年，国务院办公厅印发《关于推动实体零售创新转型的意见》（国办发〔2016〕78号），明确了推动我国实体零售创新转型的指导思想和基本原则。同时，在调整商业结构、创新发展方式、促进跨界融合、优化发展环境、强化政策支持等方面作出具体部署。意见指出，着力加强供给侧结构性改革，以体制机制改革构筑发展新环境，以信息技术应用激发转型新动能，推动实体零售由销售商品向引导生产和创新生活方式转变，由粗放式发展向注重质量效益转变，由分散独立的竞争主体向融合协同新生态转变，进一步降低流通成本、提高流通效率，更好适应经济社会发展的新要求；并提出减轻企业税费负担、加强财政金融支持、开展试点示范带动等政策支持。意见的出台既是推进供给侧结构性改革、降低实体经济成本的重要举措，也充分体现出国家对实体零售的关注和支持，对鼓舞实体零售创新转型的信心起到积极作用。

意见在促进线上线下融合的问题上强调：建立适应融合发展的标准规范、竞争规则，引导实体零售企业逐步提高信息化水平，将线下物流、服务、体验等优势与线上商流、资金流、信息流融合，拓展智能化、网络化的全渠道布局。线上线下融合发展可以优势互补，是零售业未来的发展方向。从发达国家的经验来看，在网购发展初期，线上线下确实存在客户、价格等方面的竞争，但随着网购不断发展，这种竞争逐步变成合作和融合。比如，线上零售的优势是极大的发挥商流、信息流和资金流的有效整合，而线下的实体店则是在物流、服务和体验等方面更具有吸引客户的优势。而体验是线上电商成立之日起就难以补足的短板。如果二者将优势结合起来，零售行业的优势将会如虎添翼，会真正发生所谓的“流通革命”。

一、电力新零售宏观认知——战略视角

2016年，以盒马鲜生为代表的新零售开启了零售业的征程，这是国家战略层面推动流通转型发展、激发商业创新活力的具体实践，是技术升级和消费升级的双重驱动

结果，其本质是流通领域的消费模式重构，既保持了零售业的本质内核，又导入了多维创新。

据AC尼尔森调查显示，67%的消费者更享受实体店铺为其购物带来的愉悦和满足。相比线上购买，线下企业能为顾客提供真实的消费场景，线下购买商品可以刺激消费者的感官。同时，随着人们可支配收入的增加，消费者购买商品不仅在意价格，更加注重商品品质与购物体验。新零售是新形势下零售企业供给侧结构性改革的创新业态，新零售的未来发展要从主动拥抱新理念、积极使用新技术、充分挖掘新资源、勇敢应对新制造等方面入手，才能实现线上线下与智慧物流的深度融合，为消费者提供最好服务，以零售发展促消费、调结构，使新零售成为促进我国经济发展的助推器。目前，零售企业不断推陈出新，以适应顾客价格型消费向价值类消费、体验式消费及个性化消费转变，借助先进技术为顾客提供全新优质的购物体验，从传统的商品导向转变为以顾客体验需求为导向，全面提升客户体验，刷新顾客的消费观。

在供给侧结构性改革、电力体制改革、能源转型发展、互联网+新业态、新技术革命等多重因素叠加的环境背景下，电力企业盈利模式、客户资源、市场空间等受到较大影响，迫切需要变革服务模式，挖掘、培育出具有能源产业价值链和能源生态系统服务特点的新业务，打造新业态，挖掘新的效益增长点，实现能源服务的增值，推动电网企业在为客户创造价值的服务中，逐步提升在能源产业价值链的影响力和整合力，创造卓越能源服务的品牌，增强企业核心竞争力。

电力新零售是一种商业探索，在售电市场放开、电力监管的环境下，积极开展能源电商新零售业务，通过新零售盘活供电营业厅、电网企业App、统一客服体系等存量资源，面向电动汽车出行、家庭电气化、乡村电气化、消费扶贫、光伏服务、综合金融服务等场景，探索营销服务基础资源商业化运营，推动服务模式从传统的买电卖电到为客户创造更多价值，深度挖掘客户需求和痛点，与产业链上下游企业加强对接，推进营销服务模式转型，有利于培育新的增长动能，提升国家电网公司品牌价值，充分发挥国家电网公司引领带动作用，服务社会企业发展。

电力新零售是一项时代要求，响应国家新型城镇化、乡村振兴、节能减耗、消费升级战略，承担社会责任，引导终端用能客户向绿色、低碳、智慧生产生活方式转变，满足人们美好生活向往的时代要求。电力企业作为贯彻落实国家能源安全新战略和国家服务乡村振兴战略的“排头兵”，可通过能源电商新零售业务，引领打造绿色、安全、节能、惠民的消费方式，通过加强新零售产品线上线下一体化渠道构建，开展面向全国，尤其是乡村地区用能场景化展示体验推广，大力推广普及绿色、节能、智慧的终端电气设备，激发消费活力，推进电能替代，提升城乡居民电气化水平，促进能源生产与能源消费方式变革。

电力新零售是一种战略安排，掌握终端能源消费市场需求和结构，引导泛在物联、综合能效服务产品、解决方案消费和供应，成为国际一流综合能源服务供应商的战略安排。电力企业以能源电商新零售业务为抓手，以开放合作共赢为原则，与国内外知名车企、家电厂商、光伏设备生产商、公司金融单位、扶贫帮扶点等合作，以电为纽带聚合产业链上下游资源，建立统一数据接口与互联互通机制，研发推广电动汽车、智能物联家电等产品，强化电力用户需求侧管理，开展智能用电监测与能效分析，研究智能用电解决方案，响应电网用电错峰策略，减轻电网运行压力，促进电网安全、稳定、经济发展，实现从满足需求向引领需求转变，为美好生活用能提供电力方案。

二、电力新零售宏观认知——商业本质

新零售通过数据与商业逻辑的深度融合，以消费者为核心全链路打通生产制造和流通供应市场，实现消费方式逆向牵引生产变革，提升供应链整体效率，为消费者提供高效、满意、超出预期的服务。

新零售内涵是以消费者需求为核心的消费体验升级，是通过数据驱动和技术革新，以泛零售和全渠道（线上+线下+物流）的形态，为消费者提供集购物、娱乐、社交多维一体的综合零售业态；同时瞄准实时、高效、成本节约型资源配置，深度且精准地挖掘客户需求，基于直播、社交、反馈的客户体验等目标，贯穿生产、物流、运营等环节，涉及人工智能、机器人、虚拟/增强现实等新兴技术。

新零售的本质是以数据和技术驱动，无限逼近消费者真实需求，实现全链路、全渠道、全域营销。

新零售以人的需求实现为核心重构“人货场”消费场景，通过数字化和技术变革摆脱地域和时间限制，最大程度做到人—货、人—场、货—场精准匹配，随时随地精准触达。

（1）智慧场：覆盖全渠道。线下渠道，便利店、综合卖场、百货公司、购物中心等；线上渠道，厂商App，综合电商、云商等；传统媒体，报纸、杂志、广告牌等；新媒体，电视、电话、微博、微商、直播、短视频、网红等。

（2）数字人：面向全客群。重点面向“70”“80”“90”消费群体。自发能动，自

组织，参与生产。全链路清晰客户画像，智能识客，智慧需求预测。精准商品服务推荐，有效支撑货品规划和消费场景布局。

（3）精准货：涵盖全品类商品，重点关注原产地、高品质、个性定制化、高性价比等；服务重点关注贴心个性化、方便灵活交付体验、随时随地、融合不同消费场景、定向分层的客户计划；内容重点关注文化认同、参与感、分享交流、社交体验等；生产和流通过程融入目标人群需求信息，依需定产、依需定配，依需定场。

电力新零售并不是某一种固定的零售模式，而是利用新技术、新理念、新方法，以目标客户群体为中心，通过给用户的每一个消费环节持续赋能，实现用户体验的最佳和运营效率的最优。

三、电力新零售宏观认知——发展定位

下面先从宏观层面感知一下新零售，如图3-1所示。

传统的线上电商从诞生之日起就存在着难以补平的明显短板，线上购物的体验始终不及线下购物是不争的事实。相对于线下实体店给顾客提供商品或服务时所具备的可视

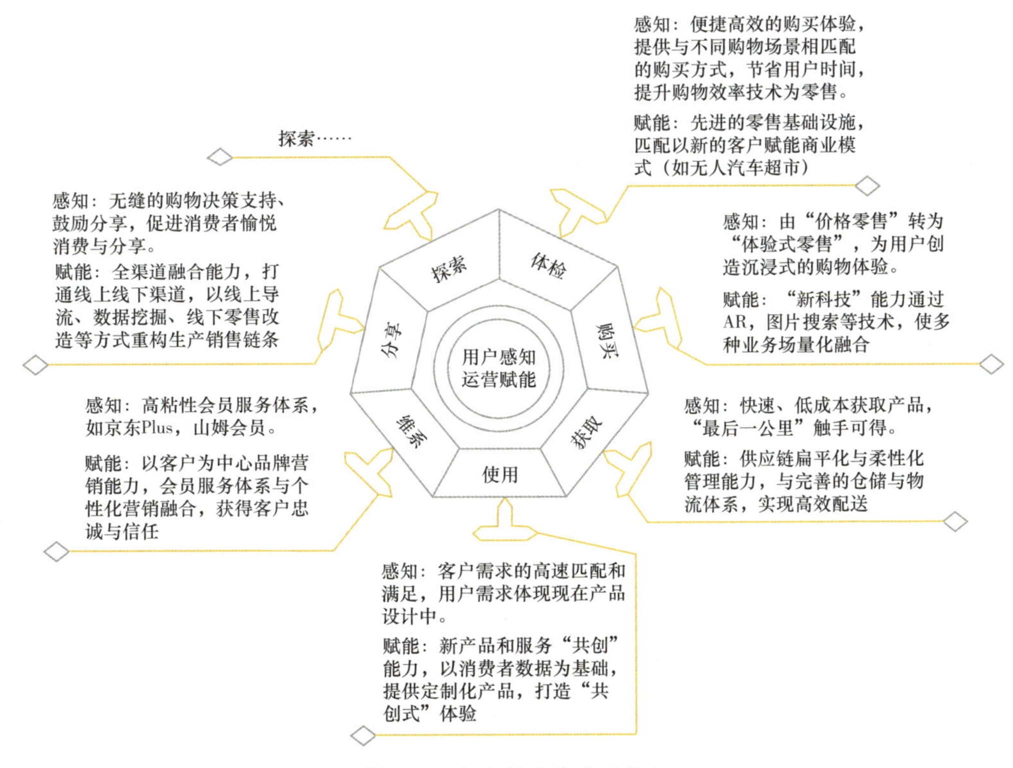

图3-1 电力新零售宏观认知

性、可听性、可触性、可感性、可用性等直观属性，线上电商始终没有找到能够提供真实场景和良好购物体验的现实路径。因此，在用户的消费过程体验方面要线上购物远逊于实体店面。不能满足人们日益增长的对高品质、异质化、体验式消费的需求将成为阻碍传统线上电商实现可持续发展的硬伤。特别是在我国居民人均可支配收入不断提高的情况下，人们对购物的关注点已经不再局限于价格低廉等线上电商曾经引以为傲的优势方面，而是愈发注重对消费过程的体验和感受。因此，探索运用新零售模式来启动消费购物体验的升级，推进消费购物方式的变革，构建零售业的全渠道生态格局，必将成为传统电商实现自我创新发展的又一次有益尝试。

在零售销售的转化过程中，消费者对购物方式的选择与对产品的选择同样重要。消费者倾向于在购物体验最佳、性价比最高的渠道进行购物，因此传统电力企业必须思考如何实现面向新零售的转型，推进全渠道，这对于占据消费场景、提升销售转化率具有重要意义。在实现新零售转型的过程中，传统企业面临多重挑战，而提升供应链管理效率已成为这一转型过程中最重要的挑战和绝大部分传统企业的战略建设方向。

在新零售时代，供应链应围绕“连接消费者”和“提升运营和服务”两个关键点展开，在解决“货”的问题的同时，与“人”和“场”不断深入融合。因此，未来的供应链应是以数据为驱动，突破零售渠道和业态的壁垒，为内部用户和外部消费者提供跨渠道的服务，从而使终端消费者享受到极致的购物体验，助力企业赢得新零售的竞争。

未来电力新零售将以形象展示来实现电力企业新零售商业模式探索和电力零售业态创新。

电力企业品牌形象展示。定期开展市场调研和运营数据分析，持续优化产品服务和营销策略。常态开展线上线下营销活动，探索社交营销、裂变营销等新型营销方式，扩大品牌知名度。推进电力企业品牌场景化应用，统一销售、展示、广告、体验等服务触点的品牌规范化应用。

绿色低碳智能生产生活方式形象展示。党的十九大报告把对能源工作的要求放到“加快生态文明体制改革，建设美丽中国”的重要位置予以重点阐述，凸显了党中央对新时代能源转型和绿色发展的重大政治导向。当前，以清洁低碳和智能高效为主要特征的新一轮能源转型正蓬勃兴起，能源格局的深刻变化不仅体现在生态和污染防治上，人们的生产生活也在悄然发生着变化。电力企业作为国计民生的先行者主动担当、勇于履责，推动这一变革走向深入。构建全面覆盖、业务贯通的电能替代推广网络，充分发挥电力企业的综合能源桥梁作用，积极联系相关企业进行市场调研分析，建立电能替代项目储备库。以电代煤，实施电能替代，是践行绿色发展理念的具体体现，同时可以满足用户多样化、个性化的用电需求。在工业领域，推广沁阳“凯宝”电窑炉、温县“汇诚”助剂电锅炉等项目52个；在居民生活领域，配合建成沁阳市东方福地小区碳晶电清洁取暖示范项目；在交通领域，开展电动汽车充电站、充电桩等基础设施建设。

第二节 微观层面下的电力新零售

一、电力新零售微观内涵——业务视角

（一）国家电网公司开展电力新零售的优劣势分析

1.优势分析

（1）国家电网公司作为公共服务领域的世界一流品牌，拥有世界上最庞大的电力资产和雄厚的技术、人才、客户资源优势，掌控电力互动的主动权；

（2）拥有国内成套能力最强的电工装备产业集群，形成了交直流、全系列、全电压等级输配电装备及芯片、软件等电力信息化产品线；

（3）自2016年开始已经陆续布局电商业务，拥有长期合作的优质供应商，依托物资采购规模优势获得更加优惠的价格，具备货源保证和成本优势；

（4）供电服务人口超过11亿，占据客户用电信息资源入口绝对优势，拥有庞大的用户数据资产；

（5）已建成了自有线上平台，拥有专业高效的客服团队；

（6）在线下渠道，拥有超过2万家供电营业厅和40多万一线服务人员，可为客户提供全业务、多元化的服务。

2.劣势分析

（1）国家电网公司作为大型央企，采取自上而下的统一管理模式，人、财、物高度集中，决策流程长，审批效率慢，缺乏足够的市场灵活性；

（2）新零售业务作为新兴业务，需要不断完善业务运营机制，加快探索创新商业模式，在实现与监管业务有效隔离前提下，充分利用国家电网公司已有的基础设施和营销

服务资源；

（3）产品市场同质化现象严重，尚未建成具有国网自身特色的产品体系，以降价来取得竞争优势的市场营销策略难以长期维持；

（4）一线人员缺乏市场开拓意识和产品销售技能，激励手段和措施缺乏灵活性。

3.挑战分析

（1）受宏观经济下行、零售行业不景气等影响，全国消费品零售额持续下降，且部分家电市场保有量触顶，传统家电业务发展空间受限；

（2）家电行业准入门槛较低，市场竞争激励，国家电网公司新零售业务缺乏核心竞争力，难以形成可持续的利润增长点；

（3）国家电网公司属于国资委监管企业，利用营业厅、电管家及“网上国网”等主业资源开展新零售业务，可能面临监管、行风、服务等风险。

4.机遇分析

（1）2019年以来，国家发改委等部门提出促进家电和消费产品更新换代、推进家电消费升级和可持续发展等要求，为国家电网公司开展新零售业务提供了政策支持；

（2）2020年政府工作报告提出要“支持电商、快递进农村”，目前农村居民可支配收入不断增加，乡村家电保有量较低，新增需求快速增长，乡村市场潜力巨大；

（3）消费者对具备智能物联功能的高端家电产品需求不断上升，家电更新换代需求不断增长，为家电市场注入新的发展活力。

（二）业务定位

通过构建能源电商服务生态圈，依托电力企业供电营业厅、网上平台等线上线下全渠道资源，将新零售业务打造成为具有综合能源特色、品类丰富的产品体系和全流程贯通的能源电商新零售服务体系，如图3-2所示。聚焦于电动出行、智慧电器、金融保险三大领域的新业务模式。一方面，以人民美好生活的服务商、能源消费转型的探索商、中小企业发展的引领商为愿景，增强客户用能体验，持续推进协同合作，打造电力新零售服务品牌，为客户提供更优质的服务；另一方面，依托电力企业现有营销资源及相关产业的专业优势，推动产业链上下游协同创新，打造“人—再电气化—物联生活”生态圈，孵化新业务、创新新业态、培育新动能，激发内生动力和外部潜力，赋能电力企业高质量发展。

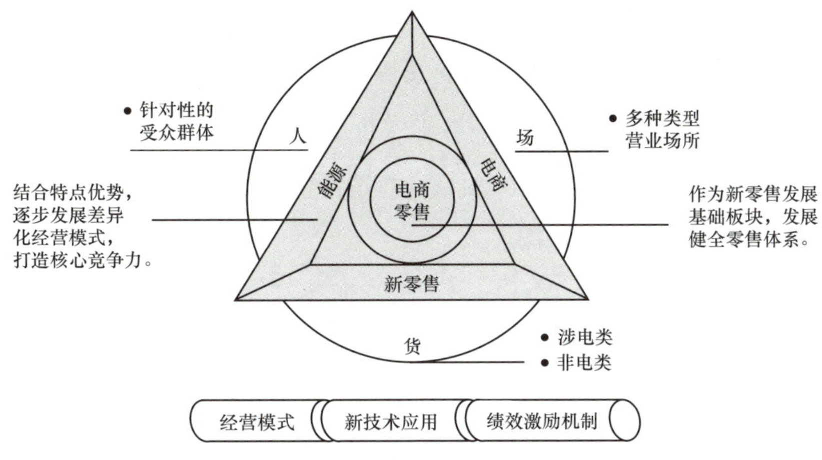

以电商零售为基础，充分借鉴“人货场”重构的内涵逻辑，辅以技术手段打通零售通道，补全国家电网公司的零售体系，同时更要强化经营落点，体现差异化的经营定位和市场策略，逐步清晰延伸零售细分方向，真正推动零售业态盈利能力

图 3-2　能源电商新零售服务体系

（三）业务前景分析

助力电力企业提质增效，增强电力企业内生发展动力。通过新零售盘活供电营业厅、线上平台、统一客服体系、一线服务人员等存量资源，实现营销服务基础资源商业化运营，为电力企业培育新的增长动能，成为电力企业营收的重要组成部分，与主营业务互补互促，协同推动电力企业经营情况不断好转。

提供便捷贴心服务，持续扩大用户群体。新零售业务通过线上线下高品质服务体验，推广电动汽车、智能物联家电等产品，构建“人·再电气化·物联生活”生态圈，提升用户体验和粘度，实现从满足需求向引领需求转变，为美好生活用能提供电力企业方案，提升品牌价值。

打造社会经济新增长点，发挥电力企业引领作用。新零售业务以电为纽带聚合产业链上下游资源，推动产业链上下游协同创新，以全域物联、全景服务、全链增值、全民电气为发展路径，带动产业链相关企业共同发展，发挥电力企业引领社会经济发展的重要作用。

（四）业务思路

为打造开放生态，推动乡村产业发展，助力营销服务模式转型升级，提升能源互联网建设感知度，促进电能替代，电力企业需充分发挥营业厅、线上平台、统一客服体系、一线服务人员等资源优势，聚焦“人–货–场”核心要素，以客户为中心，以市场为导向，探索开展能源电商、能源金融新零售业务，以构建电力企业特色产品服务体系、推进线上线下一体化运营、健全业务常态化运营机制为抓手，重点发展电动汽车、智慧电器、光伏服务、金融保险四大领域，打造能源互联网对外服务推广窗口，构建“人·再电气化·物联生活”生态圈。

1.电动汽车业务工作思路

发挥电力企业营业厅、线上平台、电管家、客服中心、车联网平台等资源优势，聚焦新零售“人–货–场”核心要素，以客户为中心，以市场为导向，构建电动汽车“售前–售中–售后”业务运营体系，开展电动汽车新零售工作，促进线上线下融合发展、内外部高效协同、产业链上下游互利共赢，推动电力企业乡村电动汽车新零售业务实质性进展。

2.智慧电器业务工作思路

（1）线上线下一体化业务模式。坚持智慧电器线上线下一体化发展模式，积极开展线下渠道的线上化运营，通过线上平台助力在营业厅及其他场景对电气化产品服务进行宣传推广，并通过线下工作推进线上平台的业务流量增长，实现双向赋能、共同推进。

（2）建立供应链统一管理模式。由电商公司整合品牌厂商、渠道商等供应链资源，统一供应链建设，打造供应商—电商公司—综合能源公司（或指定其他经营主体）的产品供应链路，由各分级机构组织综合能源公司与电商公司进行对接，建立属地产品展示交易专区，构建差异化产品体系，并根据客户画像分析，动态调整专区产品，开展差异化专区建设。

（3）建立电管家推广团队。由各分级机构牵头组建专业化电管家团队，通过赋能电管家团队开展智慧电器销售，建立完善的培训机制和激励机制，提升团队业务水平、激发工作动力，开拓B2B、B2C智慧电器业务各级市场。

（4）依托营业厅推动品牌宣传。加速全网内营业厅新零售业务覆盖，通过开展数字型、功能型、简易型营业厅改造助力智慧电器在各级市场的迅速铺开，加强电力企业品牌宣传。

3.光伏业务工作思路

（1）细分客户市场，打造差异化产品套餐。根据分布式光伏建站屋顶类型和客户用电特点，整合核心品牌厂商资源，联合打造“全套解决方案＋自选产品组合+特色应用产品”的光伏产品套餐，满足客户差异化需求。

（2）深挖客户触点，推进多场景业务融合。深入分析适合分布式光伏建站的场景，充分发挥面对面服务优势，形成多业务融合联动，在客户到营业厅办理业务咨询、低压居民新装、小区新装、装表/无表临时用电（临时施工用电、乡村盖房用电等）、迁址、分户业务时，营业厅工作人员可有针对性地推广分布式光伏业务，实现精准营销。

（3）集成内外资源，提供一站式服务。打通内外部服务渠道，聚合设备制造、电站建设、金融保险等优质服务商资源，为分布式光伏客户提供建站咨询、方案设计、设备采购、施工建设、并网接电、电费结算、监测运维、光伏贷款、光伏保险一站式服务，实现客户电站建设“一次都不跑”。

（4）强化多方协同，构建一体化服务体系。充分发挥电力企业内外部资源优势及线上线下服务优势，构建“1+2+N”的新零售光伏服务体系。其中：

“1”是指一个统一线上服务平台。依托线上平台提供分布式光伏线上营销推广、销售激励、建站咨询、设备采购、并网报装、电费结算、运营运维等一站式全流程服务。

“2”是指两个线下营销推广体系。对营业厅、供电所进行改造，打造线下模块化可定制展示推广方案，同时发挥农电工、台区经理等属地化资源优势，建立电管家标准化营销推广团队。

“N”是指多样化优质服务商资源。联合系统内产业单位、系统外服务商，按照“一县一中心”模式建立线下运营运维标准化服务队伍，为客户提供电站建设、并网、运营、运维全周期服务，建立准入退出机制及服务标准规范，形成市场化优胜劣汰服务商管理机制，不断提升光伏服务水平。

4. 金融保险业务工作思路

发挥电力企业供电营业厅、股东服务站、电管家及线上平台等渠道及数据资源优势，实施嵌入式发展、市场化运作，实现产业金融高效协同、线上线下融合发展，打造电管家财务顾问队伍，满足客户保险保障、资产财富管理等多元化金融需求，为电力企业新零售商业模式提供推广、运营和培训支撑；打造能源金融新零售服务生态圈，提升电力企业新零售综合竞争力和价值创造力。

二、电力新零售微观内涵——人货场重构之“人”

新零售首先是以消费者为中心和出发点的，因此“人”的变化在于消费者由被动改为主动，具体体现为从“受品牌商引导的被动需求和单纯的商品购买者”转变为“从自身主动需求出发而牵引品牌商进行研发生产的参与者”。发生这样转变的本质因素是新时代下消费者需求和购物行为的变化。新时代消费者追求品质感与精致化、细分化与个性化、终极便利性、体验和参与。由此，“人”成为“货”和“场”的核心。

在互联网时代快速发展的背景下，消费者自我意识更强，特别是在我国居民人均可支配收入不断提高的情况下，人们对消费的关注点已经不再局限于价格等方面，而是更多地注重对消费过程的体验。因此，探索运用新零售模式来升级消费购物体验，推进消费购物方式的变革，构建零售业的全渠道生态格局，将成为电力企业实现创新发展的重要途径。

（一）客户管理思维模式

客户管理思维模式有两种：一是影响力（有影响力的客户），二是靠用户（粉丝）的力量。

1.影响力是衡量客户价值的重要因素

有影响力的客户或KOL（关键意见领袖）通常被定义为：拥有更多、更准确的产品信息，且为相关群体所接受或信任，并对该群体的购买行为有较大影响力的人，比如我们常说的大V、网红。互联网时代，各大平台网红、主播们凭借个人影响力，快速发展粉丝，并在粉丝群里形成重要的口碑信任，大规模的粉丝量和粉丝的信任构成了销售变现的基础。而由此也带来了互联网时代下的经济现象——网红经济。

随着中国经济的发展以及5G商用加速的背景下，作为互联网时代下的产物，中国的网红经济在发展中也迎来了爆发点。

2019年被称为电商直播元年，2019年上半年，各大直播平台积极探索“直播+”模式，布局内容生态。截至2019年6月，我国网络直播用户规模达4.33亿，较2018年底增长3646万，占网民整体的50.7%。

2020年，随着新冠肺炎疫情的突然爆发，在人们居家的日子里，线上消费需求大增，网红经济规模加速发展，网红概念股表现强劲。预计在很长一段时期，在5G叠加因疫情影响假期延长等因素，网红经济有望实现更为迅速的发展，并成为更多消费者的必选项，打开营销市场空间。

因此，你在挖掘客户关系的过程中，不要只盯着“是否有购买力”这单一维度。一个有大规模粉丝量并且得到粉丝充分信任的客户，一个有强大影响力的客户，同样也是高价值客户。

2.用户（粉丝）的力量

网上盛传这样一段话："有100个粉丝，你就是一本校园读物；有1000个粉丝，你就相当于一个公告栏；有1万个粉丝，你就是一份生活都市报；有100万粉丝，恭喜你，你已经晋升为全国性报纸了；超过1000万，你就是一个知名电视台。"

这段话背后的逻辑体现的就是用户思维、流量思维。互联网思维最重要的就是用户思维，即在价值链各个环节中都要"以用户为中心"去考虑问题。在价值链的各个环节，建立起"以用户为中心"的企业文化，只有深度理解用户才能生存。流量就意味着体量，体量就意味着份量。"目光聚焦之处，金钱必将追随"，流量即金钱，流量即入口，流量的价值不必多言。要遵循两个法则：一是免费是为了更好的收费；二是坚持到质变的"临界点"。任何一个互联网产品，只要用户活跃度数量达到一定程度，就会开始产生质变，从而带来商机或价值。

小米集团2019年年度营收、利润增长超预期，营收为2058亿元人民币，同比增长17.7%，调整后净利润为115亿元人民币，同比增长34.8%，年复合增长率为112%。取得如此惊人的成绩，离不开背后3.1亿的米粉的力量。3.1亿粉丝是一群喜欢小米产品的特殊用户，他们强烈关注着小米产品，并成就了小米集团这个超级IP；他们不光渴望了解产品设计到生产的诸多细节，还自愿成为潜在的购买者。

以小米为代表的品牌商，以用户体验和生活方式为着力点，通过全渠道协同营造鲜明的品牌形象与卖点。线上以小米品牌为主，结合消费者新的生活方式，创建"米家品牌"，与工厂联合开发，优化产品设计，从生产端进行产品优化，规避品牌溢价，优化消费者成本。线下以小米之家体验店为主，打造集产品展示、体验咨询和销售等功能为一体的购物场景，精细化"人、货、场"运营。在"人"方面，非单店运营，而是单客运营，运营整个消费者，建立有参与感和超预期的口碑。在"货"方面，漏斗式精选货品，将商城和有品尖货漏到小米之家。在"场"方面，以人文关怀和快乐购物为核心，拥有其他门店看不到的场景；小米之家非常强调体验性，优良的动线设计，可以慢慢体验，在店里打王者荣耀也没有关系。

（二）电力企业新零售的数字"人"

传统销售模式下采用的是人找货的模式，新零售模式下转变为货找人，其核心在于聚焦客户，聚焦客户潜在需求的满足，提升客户体验。传统零售是单纯消费者+低维一元流量，而新零售是商业合作者+高维多元流量。

客户是谁：每个消费者都能成为潜在客户。聚焦拥有供电、充电汽车、电商、金融等多种类型业态的有影响力客户，充分利用电力企业线上线下资源，利用数智技术进行大数据分析，在对客户行为数据、需求数据等进行分析的基础上建立客户标签，形成360° 全方位客户画像，在最大化范围内聚合客户，重点面向“70”“80”“90”消费群体，实现业态间用户共享，各个业态能够相互引流。

客户的需求是什么：企业面向客户的需求有三种：①满足需求，这一层同质化竞争特别严重；②创造需求，客户有需求，但是还没完全表达出来，我创造这个需求，竞争就稍微少一点；③引领需求，乔布斯说，我是不做任何市场调研的。为什么呢？因为苹果是引领需求的，一直是增量竞争。

客户在哪里：选择合适的传播渠道更精准地触达客户。根据客户的时间花费在哪里，需要选择适合的传播渠道，更精准地实现客户可触达、可交互、可沉淀，通过自建线上渠道和线下渠道的无缝对接，提供线上和线下一致的极致服务体验，充分利用行业主流渠道的同时，根据客户渠道偏好实施精准营销。

三、电力新零售微观内涵——人货场重构之“货”

新零售下的“货”直接反映消费者需求的变化，其最显著的变化特征为：由单一的有形、实体商品向“产品+体验”“产品+服务”“产品+社交”等结合有形与无形双重形式的“产品+”转变。

电力企业进军零售行业，产品一定要有差异化的定位，品类要细分，找到盈利的发力点。“卖什么”“怎么卖”，如何进行产品选择和设计，如何建立商品和客户的高效连接，如何结合已有资源优势提升供应链能力，这些都是需要重点剖析的方向。

卖什么。涉电还是非电？选择一条销售链，要从电网自身的业务及优势延展，立足差异化的路径：和“电”具有关联性、价值链上下游延伸、用电客户细分群体、线下营业厅布局特点、考虑产品组合/产品链。

定制化生产。生产链路重构，由规模化生产向定制化生产转变。从互联网时代“以人为本”的发展路径出发，结合商品选择、内容开发，通过定制化生产，满足客户需求：延伸电气化链条，从乡村电气化的设备延展到养殖、种植等货物销售，先售卖、后生产；如移动公司合约机类的高科技酷炫产品按需定制。从商品的源头开始，用户已经与商品产生了某种联系，商品是按照用户的需求数据产生的，在后续的商品供应上，商品的供应不再是单一、统一的供应方式，而是按照用户的真实需求进行布置，真正实现千店千面，满足用户的个性化需求。

内容营销：是不需要做广告或做推销就能使客户获得信息、了解信息并促进信息交流的营销方式。它通过印刷品、数字、音视频或活动提供目标市场所需要的信息，而不是依靠推销行为。电力新零售的内容营销开发具有想象空间，如电的基础功用性、电产品稀缺性、电子产品的变革性、电力对于生产的关键性等，或特殊用电行业的生产过程真实场景还原、公益等。同时，内容要承载，要获取流量，例如可尝试网红、短视频、直播等方式，获取消费者主动关注。

柔性供应。提升供应链能力，优化库存，提高销售效率。包括：合理利用合作商仓储物流体系；对不同级别、不同分布的供电所闲置场所、营业厅的仓储进行梯级利用；解决物流配送“最后一公里”难题，发挥台区经理、农村电工自有资源优势；数字化的销售预测，库存持续优化等。

四、电力新零售微观内涵——人货场重构之“场”

国家电网公司深入践行“无处不在的消费场景，线上线下随时随地，零售即体验服务”的理念，打造电力企业新零售的“场”，无处不在的消费场景是连接用户达成商业目标的关键。

“场”的选择：自主经营、联营或加盟。线下实体渠道选择需采用“自营”与“走出去”双项并举的方式，基于电力企业现有营业厅，推进台区经理进社区；营造乡村赶集卖场，适当举办社区专项活动；大型品牌零售业企业可考虑给个体授权许可经营。

“场”的导购：丰富的粘性导购策略。针对“场”类型的不同，通过因地制宜的导购策略实现门店渠道的引流，例如：利用台区经理与用户建立的信任感，主动出击，提前洞察用户需求，进行有温度、有情感的交流；利用好乡村赶集卖场，充分发挥农电工、发挥品牌的号召力，适时开展促销活动。

“场”的布局：差异化布局管理。根据对门店控制力的不同，进行商品的差异化布局。针对完全自控的营业厅，按照市、县、乡镇不同区域分布，按照标准化管理原则，统一营业厅布局，打造旗舰式门店；针对非自营门店，按照“千店千面”思路，搭建适应线下渠道所覆盖范围的“小而美”门店。

“场”的数字化：多样的新技术应用。技术理念助力升级下的电网新零售，在供电营业厅通过支付黑科技（微信、支付宝、刷脸支付等）、运营黑科技（VR、自助终端、智能机器人等）、信息辅助决策黑科技（云计算、大数据）的投入，实现数字化能力；在社区专场活动中，采用大数据分析来提升特定社区特定商品的精准选择。

第三节 电力企业新零售蓝图

本节主要介绍新零售在电力企业的落地画布，勾画新零售的蓝图框架，以消费者为中心，借助数智技术，对“人、货、场”进行重构，优化客户消费全旅程，最终实现提升消费者购物体验的目标。

1.打造电力企业特色新零售品牌体系

广泛聚合内外部优质合作资源，持续完善新零售基础服务，拓展延伸增值服务，打造绿色、安全、节能、智能、惠民、能源互联的电力企业特色新零售品牌形象，形成绿色、节能、智慧的电力企业特色新零售品牌体系。

2.建设电力企业特色新零售产品体系

以产品为基础、服务为核心，开发涵盖物联定制电动汽车、智慧互联电气化产品、消费扶贫、光伏服务、综合金融五大内容的一条龙服务产品，配套充电、金融、售后等特色服务套餐，构建围绕新零售产品的全生命周期服务体系。

3.推动线上平台、线下渠道的高度融合

充分利用电力企业的线上平台及营业厅等线下渠道资源，线上以引流注册、活动宣传、产品展示交易为主，线下以产品体验及交付为核心，构建高度融合的线上线下高度协同、双向赋能的一体化新零售体系。

4.构建能源电商“新零售”服务生态圈

围绕能源电商新零售电动汽车出行、家庭电气化、乡村电气化、消费扶贫、光伏服务、综合金融等场景，广泛集合客户、数据、生态资源，提供投融资、保险保障、资产管理等综合金融增值服务，将自有平台建设为能源电商新零售全域互联枢纽平台，实现全域互联、全景服务、全链增值、全面降本、全民电气的新零售发展路径，打造共建共治、共享、共赢的能源电商新零售服务生态圈。

下文基于消费者视角介绍八大模块，借助数智技术，从零售的“人、货、场”三要素出发，优化客户旅程，提升消费体验，并介绍电力企业在各方面的探索实践。

第四章

初践新零售

第一节　客户关系数字化

在前面我们深度剖析了电力企业人、货、场三要素的现状，下面我们将从人的角度来找到提高电力企业零售效率的机会。

人即消费者，对于企业来说是客户，那么对零售来说这意味着什么？一切商业活动的起点是消费者受益，零售当然也不例外。人（客户）通过场（商场、超市、便利店、电商平台等），与货（产品）发生联系。每个来企业购买产品的客户，都是带着不同的背景、需求、情绪和消费能力来的。即便如此，我们还是希望可以通过数字技术手段进行客户模型分析以及描绘客户关系图谱，从而实现客户关系数字化，如图4–1所示。

数字化是营销专业最重要的转型和创新突破口，也是新零售的核心，未来电力营销新零售会实现客户关系数字化、营业厅数字化、产品数字化、市场营销数字化、供应链数字化。

客户关系数字化是通过数字化手段采集用户的属性数据和行为数据，为全业务的客户运营分析及策略规划奠定数据基础。需要通过客户、账户、业务信息、服务协议、用电设备、房产等要素的多维客户关系网络，将现实世界的实体关系网络完善、客观、忠实地反映到客户模型当中，对其进行全息的客户画像，对购买产品和服务的客户有一个360度的全方位了解，从而无限逼近消费者内心的真实需求，详细洞察和挖掘客户需求，完善电力企业客户信用管理体系、积分和会员管理体系，进而实现企业的精准营销。

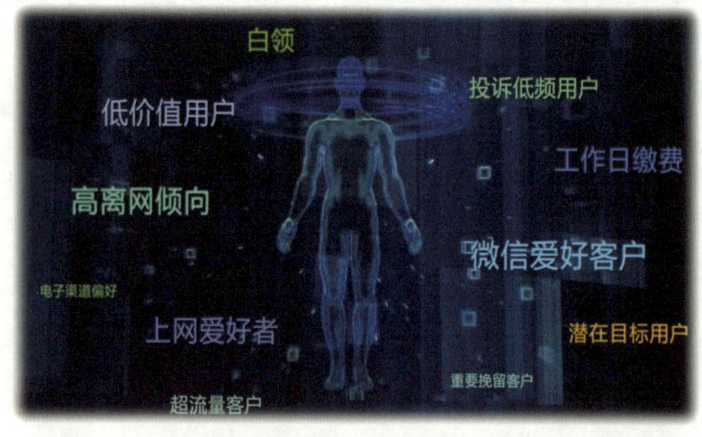

图4–1　客户画像

客户关系数字化主要体现在：

（1）建立家庭成员、房主与租户等自然人之间的关系，企业法人、电气负责人、账务负责人等企业与自然人之间的关系，集团公司与子公司、控股公司、租赁经营、委托经营等企业与企业之间的关系，以全面记录客户社会关系属性，精简客户业务办理证明材料，优化客户体验，强化电网企业在电费催收、客户信用管理等业务方面的信息支撑。

（2）建立家庭账户关联、集团公司与子公司账户关联等账务相关的账户间关系，支撑家庭账单统一查询、集团企业联合账单出具、统一开展量费核算等业务。

（3）建立产权关系、租赁关系、物业代管关系等资产与客户之间的关系，建立房产、合同或客户协议与计量点、用电设备之间的关系，准确反映租赁、物业代管等实际用电关系，支撑客户信用评价体系的建立，实现客户侧全业务数据的标准化管理和灵活维护，并建立更新机制，确保关系信息准确。

一、市场/消费者需求现状

随着科学技术的发展，生产效率和交易效率不断提高，中国的消费形式持续变迁，消费从1.0时代进化到4.0时代，消费驱动也经历了从价格到品格，再到格调的变化。

1.消费1.0时代——计划消费

新中国成立初期，各方面物资都比较匮乏，在计划经济体制下，市场供需都严格把控，大量生活用品采取配额制，通过粮票、布票、煤油票等媒介进行交换。消费者处于被动式的计划消费，商品种类稀少，选择范围狭窄，需求难以得到满足，零售渠道主要是供销社的形式，以柜台销售为主。消费1.0时代执行的是计划经济体制，商品通常有价值而没有市场价格，产品大多数基于分配而不是基于交易。

2.消费2.0时代——自由选购

伴随着经济体制的改革和生产力的不断发展，人民可支配收入持续增长，产能不断提高。供销社形式的消费模式已经越来越不能满足人们的日常消费生活，中国学习西方发达国家，兴建起了百货商场、超市、便利店等零售业态。商品的销售与购买渠道开始多元化，供给与需求逐渐平衡，基本消费需求得到了满足，消费者基本可以自由选购，购物方式也便捷多了。在消费2.0时代价格成为购买决策最重要的考量因素，市场完全符合西方经济学里面的供求曲线，需求随价格上升而减少，供给随价格提高而增加，价廉物美的商品备受青睐，价廉优先。

3.消费3.0时代——品质消费

社会进入了丰饶经济时代，产能开始过剩，商品不断丰富，供给开始大于需求。物质文明生活的极大丰富，使人们消费观念发生改变，更加追求消费的品质，注重服务与体验。专卖店、会员店、购物中心等零售业态大量出现，满足多样化的品质消费诉求。在消费3.0时代品格成为关键的决策因素，物质文明生活的提升催生消费升级，过硬的品质和服务的格调成为商品的卖点，用户不再盲目追求低价，对“物美”的考虑开始优先于“价廉”。

4.消费4.0时代——定制消费

随着“80”“90”甚至“00”后成为主要消费群体，互联网时代个体开始崛起，用户需求变得多元，呈现出长尾趋势，消费升级促使更多的消费者开始追求商品的附加值。品质、审美、甚至是人格认同都已成为消费的动因，越来越多的人购买一种商品或服务，是出于喜爱而并非需要。消费更加注重个性化、情感化和社交化。随着消费动机的改变，“冷冰冰”的标准化的产品将逐步被“有温度”的定制化的“非准”产品所替代。在消费4.0时代大众消费市场越来越个性化，工业化时代“只要生产一辆黑色福特汽车”的做法已经行不通了。消费者需要个性化的产品，不仅仅要在功能上满足他们的某个痛点需求，还要在情感上让他们对该产品产生一种“连接感”，消费就是要有“格调”。

目前，我国正处于“消费3.0时代”向“消费4.0时代”蜕变的过程。这是个机遇与挑战并存的时代，下面我们从电子商务和实体零售企业两个方面来解读当前零售市场的时代变革：

一方面，随着互联网人口红利的逐渐消失，主要体现在互联网人口数量从过去的增量市场到现在的存量市场的变化，以及互联网公司从过去争夺用户到如今争夺用户时间的变化。根据《中国互联网络发展状况统计报告》显示，截至2020年3月，中国的网民规模已达到9.04亿人，较2018年底提升4.9个百分点。向上继续增长的速度已经非常缓慢，各大互联网公司都将目标定位在增加用户黏性，抢夺用户的时间上面。而今，电子商务已成为传统产业，在经历了疯狂的增长之后也开始遇到天花板了，增速已经大大放缓，截至2020年3月，我国网络购物用户规模达7.10亿，较2018年底增长16.4%，首次低于20%，用户增长速度也正在逐步下降，移动购物人口的红利也基本耗尽。

另一方面，在互联网大潮的冲击下，各行各业都已产生不同程度的变化，而零售行业是受其影响最大的行业。尤其是近两年来，实体零售行业的低迷已经成为趋势，目前

95%的大型实体零售企业，尤其是以百货、超市、大卖场和购物中心为主的实体零售企业，受制于商业模式的约束，以及在互联网平台的挑战下暴露了诸多问题，例如高库存、反应慢以及落后的供应链系统，在各类问题堆积下，实体零售业发展艰难。店铺关店潮、死亡潮此起彼伏。

那么电力企业该如何把握这一次消费转型期呢？搭上时代的列车，紧追变革步伐，企业需要转变自己的客户管理思维模式，有效界定客户关系，依靠关键要素（渠道、客户管理、客户互动、营销策略等）数字化手段的充分运用，未来企业的竞争力不再是价格、商品和促销手段，而是对客户的洞察以及分析数据的能力。提升客户服务水平，围绕市场及以客户为中心开展业务，争取更大的市场份额，以分享更多的客户流量。

下面介绍国家电网公司电力新零售的一些举措。通过提供差异化客户定制服务，满足多类型客户业务办理及消费需求，助力能源企业的数字化转型目标落地。

- 打造物联定制电动汽车产品体系

通过车联网平台与电动汽车SOC系统、行驶轨迹及充电桩动态数据互联互通，建立电动汽车大数据分析库，开发具有“车—桩—网”互联技术及具备充放功能的定制车型，为电动汽车车主提供智能充电规划服务，促进电动汽车与电网实现有序充放交互。针对不同客户群体打造差异化服务套餐，围绕C端用户，引导用户绿色出行习惯，打造集展示体验、选车比价、装桩接电、销售上牌、金融保险、充电缴费、车后市场、能源服务为一体的全生命周期服务体系；围绕B端用户，打造“车辆+金融+充电优惠”的服务套餐，借助融资租赁、保理赊销等金融方案，解决B端客户资金及充电痛点，为客户提供更专属、更便捷、更有保障的电动汽车出行服务。

- 打造智能物联电气化产品体系

针对区域、城乡、季节等差异，建立智能物联电气化差异产品体系库，结合以电为核心的电力企业产品和服务优势，定制化开发智能物联家电产品。围绕C端用户，从客户用电、用电器、电器服务三个维度，为客户提供服务、创造价值，建立融合节能方案设计、用电监测、能效诊断、数据服务、峰谷用电策略、用电设备保险等服务的智能物联电气化产品体系；围绕B端客户，以酒店、商业地产、餐饮等为核心目标市场，制定商业化电厨炊、电动农机具产品和整体解决方案，围绕乡村振兴、环境治理、节能改造、用能优化等领域，提供能效诊断、节能咨询、评估规划等服务。

- 打造消费扶贫特色产品体系

制定质量安全体系，与第三方认证机构合作，从原料、生产、加工、包装、运输等维度，全方位打造商品溯源体系，打造过程可溯、绿色有机、健康生活特色的消费扶贫产品体系。面向C端客户，强化农产品区域认证及生产环节安全保障，重点围绕产品溯源、质量管控、精品遴选、安全认证，为用户提供源产地可溯的高品质农产品，满足中高端城市人群消费升级需求。面向B端客户，围绕节日福利、礼品市场，从商品的规格、包装、产品组合等多维度，满足企业客户的员工福利、客户关怀需求，打造“扶贫商品+独特定制+公益”的OEM产品套系。

- 打造光伏服务产品体系

针对分布式光伏系统存在选址难、选型难、运维难、融资难、结算难、保险难等痛点，依托光伏云网与区（县）级运营运维中心特色优势，打造电站建设、并网运维、电费结算、金融保险一站式的分布式光伏产品与服务。线上通过光伏云网，为客户提供营销推广、建站咨询、设计、设备采购、数据监测、线上并网、电费结算、金融、保险等服务，线下通过区（县）级运营运维中心，为客户提供施工、智能运维、专业培训等服务，打造“线上平台+线下服务”的新业态。

- 打造能源综合金融产品体系

针对典型生态场景，结合金融业务特点，研究设计一揽子的综合金融产品服务。投融资方面，为电动汽车购置、光伏设备、大型电气化设备提供融资租赁、债权信托、应收应付账款保理等融资产品服务；保险保障方面，为C端客户购置使用电动汽车提供交强险、商业车险，为B端用户经营充换电业务提供充电桩充电安全责任险、充换电站综合保险，为城乡电气化客户提供家财险、企财险、电器延保险，为电器设备供应商提供质量保证保险，为供应链客户提供投标保证保险，为客户采购光伏设备提供光伏组件财产保险，为客户用电用车提供人身意外伤害保险、健康保险、人寿保险；资产管理方面，在生态场景中，面向客户提供多样化的投资理财产品。全过程嵌入、多维覆盖、贴心服务的新零售金融产品服务体系。

二、客户标签管理

以客户类型、档案信息、用能特征、渠道习惯等数据为基础建设客户标签体系，构建客户360度视图，赋能产品推荐、需求挖掘等多业务场景应用。举个简单的例子，一个“90”后客户周六喜欢早上9点在外卖网站上下单购买蔬菜和水果等生鲜，中午12点在家做饭，周日喜欢去商场购物并去吃附近的网红餐厅。经过数据收集与转换，就会产生一些标签，包括“90后”“外卖”“生鲜”“做饭”“购物”“网红餐厅”等贴在该客户身上。

（一）客户标签的定义

数据标签：采用自然语言描述的业务对象特征，是业务对象特征的符号化表示，是对事物主体的结论与评判，一般简称为标签。

客户标签：基于营销档案信息、业务记录等数据构建，采用自然语言描述的客户的特征。它表达一种判断，是对客户数据的提炼和归纳。

主体：标签所标识的事物主体，如客户、设备等。

子主体：按照实际业务需求对标签主体的细分，如客户分为自然人客户、组织客户等。

子主体标识：用来标识子主体唯一性的编码，如身份证号码等。

标签主题：基于业务场景形成的同类标签的集合。

标签元数据：描述标签数据的数据，主要是描述标签数据的属性信息，如数据标签名称、标签业务规则、实现逻辑、初始化方式、更新方式、更新频率、适用范围、编码、数据来源、标签有效期、创建时间、创建单位、创建人等信息。

举个场景，一位“90后”客户小王的自建房落成，他到滨湖供电营业厅办理居民新装业务，窗口人员收集相关客户资料，发起流程。系统根据预设规则，生成客户小王的初始画像，有“青年”“唯一户号”“自建房”“居民新装”等。其中，主体是客户，子主体是自然人客户，“唯一户号”就是根据子主体标识识别的客户标签，标签主题就是“居民新装”，系统的预设标签规则就是由标签元数据构成的标签识别信息。

（二）客户标签设计

下面以国家电网公司为例进行相关阐述。

1.客户标签分级设计

为精准定位客户，提升标签应用效率，参考我国法律民事主体分类方法，结合电力营销业务客户特征，将电力客户划分为自然人客户和组织客户两类子主体。常用的电力客户标签子主体标识有手机号、身份证号、户号、统一社会信用代码等，根据已有电力客户标签构建方法，将手机号或身份证号作为自然人子主体的主要标识，将户号或统一社会信用代码作为组织客户的主要标识。

通过户号或统一社会信用代码能定位到组织客户具体的用电单位和地址等信息，将组织客户标识及其相关信息与手机号或身份证号关联可以定位到与组织客户相关的自然人客户，在客户标签建设及应用过程中应不断基于标识深化子主体关联，支撑更加精准深入的客户运营。

2.客户标签分类设计

客户标签从基础属性、客户行为和客户评估三个方面对电力全业务特征进行归类与提炼，形成一级主题；同时对一级主题分别进行细分，并根据电力业务特征将客户行为从业务场景视角出发，划分为传统业务（用电服务、客户服务、缴费服务、市场开拓等）和新兴业务（电动汽车、市场化售电、电力企业、能源金融、综合能源服务、分布式电源、数据商业化、互联网业务等），以业务视角形成二级主题，便于各业务线开展标签管理与应用，有助于将客户标签与业务场景进行有效对应。将客户画像与原有业务流程嵌入，进行特定业务客群划分，增加标签实用性，最终形成全网客户标签体系框架，如图4–2所示。

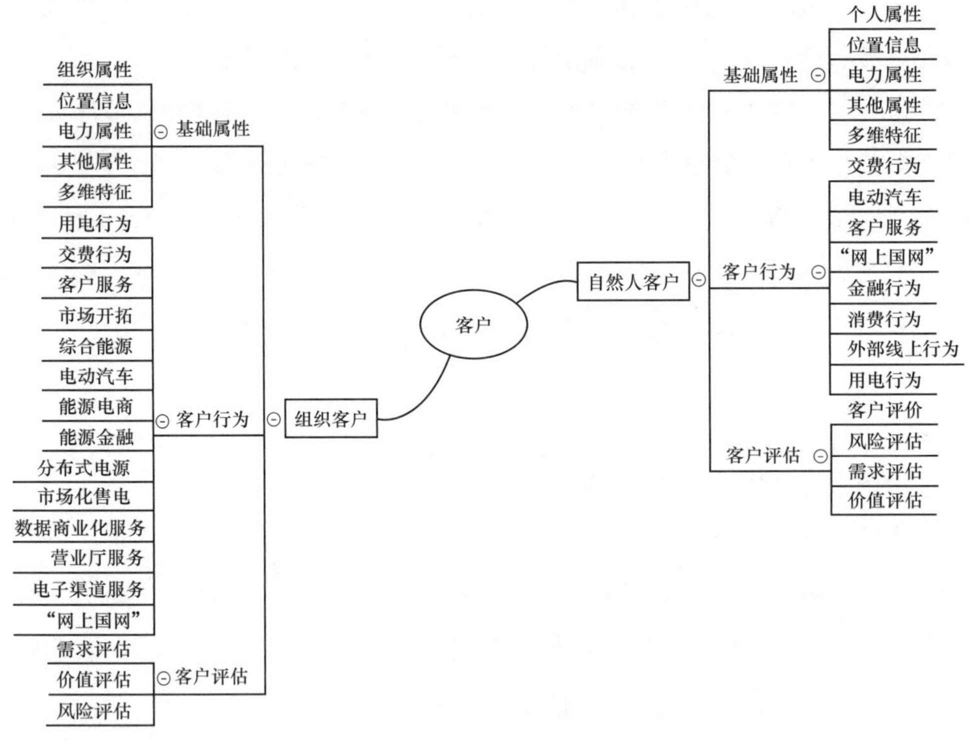

图4–2 客户标签体系框架图

（1）基础属性：聚焦于客户有效性识别与差异化区分的客户自身属性集合。总结自然人或组织的位置、电力业务等特征，设立多维特征属性，包括内部员工、设备供货商、售电企业等重点关注的多维客户标签。

（2）客户行为：聚焦于用户在企业业务办理及相关产品的使用过程中，所有客户动态行为要素的集合。结合现有业务内容，总结客户在与电力业务交互过程中的行为规律。

（3）客户评估：聚焦于潜在市场机会、客户经济指标、行业地位、信用变化等各类要素与特征的集合。总结需求评估、价值评估（价值评级、信用评级）、风险评估三方面特征。

（三）标签运营体系

1.运营体系

客户标签运营体系采取两级协同机制。体系建设方面，国网总部负责制定客户标签运营的统一标准；省公司负责配合编制相关标准，按照客户标签运营体系，规范客户标签运营工作。运营体系架构图如图4–3所示。

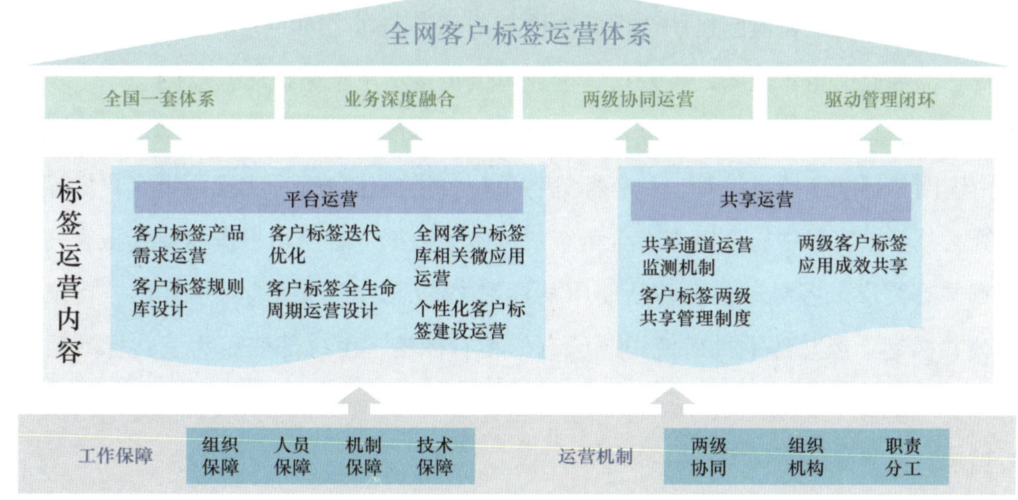

图4–3　全网客户标签运营体系架构图

2.平台运营

开展客户标签产品需求运营。合理制定业务需求提报、业务需求确认和业务设计等客户标签产品设计规则，通过确认的客户标签产品需求，定义客户标签、设计规则及应用策略。

开展客户标签规则库设计。以国网总部和省公司两级协同的运营机制为总体框架，客服中心牵头对全量已建客户标签开展整合工作，确认客户标签目录，规范客户标签命名，明确客户标签规则，完善客户标签策略，建成客户标签规则库，形成客户标签质量管理机制。

开展客户标签迭代优化。定期分析统计热门标签、弃用标签及应用率较低的标签等，根据客户标签应用效果统计分析结果和客户标签应用情况进行客户标签需求分析，定期进行产品优化，确定是否做延用保留、修改优化或停用下线等操作，以便于后期客户标签的更新迭代。

开展客户标签全生命周期运营设计。制定客户标签全生命周期运营规范，明确客户标签体系中的客户标签需求提报、创建、发布、评估、优化、停用、下线等环节，支撑和约束体系建设过程管理。

开展客户标签库相关微应用运营。依托数据中台，完成客户标签库微应用产品的建设运营，对各单位开通查询、使用权限，开展对内对外客户标签库应用，充分发挥客户标签价值。

3.共享运营

建立共享通道运营监测机制，保障国网总部和省公司之间的共享通道连通，客服中心负责总部端通道运营监测，省公司、产业单位负责本单位通道运营监测。

制定国网总部与省公司客户标签两级共享管理制度。全网资源（标签）目录、公共标签由国网总部统审统批统管，私有标签各单位自批自建自管，实现两级客户标签元数据及算法共享。客服中心可以查看全量客户标签元数据，省公司根据需要提报客户标签元数据共享需求。各级单位准备新使用某标签之前，先进行标签目录查询。目录中已有的公共标签，经总部审批后使用；已有的私有标签，由总部变更为公共标签后审批使用；目录中没有的，公共标签申请由总部审批及创建，私有标签申请由各单位完成审批、创建，并在总部数据中台目录注册。

三、会员积分体系建设

（一）会员体系建设的必要性

1.客户视角

在互联网商业模式日趋成熟的今天，客户流程呈现出了巨大的商业价值，基于客户价值已经成为互联网化商业模式最核心的本质，同时也培育了许多客户新的消费习惯和网上行为习惯。围绕会员体系运营推广，是诸多企业通常采用的增加流量和挖掘客户价值的手段与方法。电力营销专业已经引入会员体系，作为改善客户服务体验的方法。

在互联网领域，获客成本及客户价值转化是企业关注的核心焦点。在市场竞争加剧的情况下，一些客户流失到了市场化售电公司。除了核心的电能价格因素驱动之外，还可能是电力企业的服务没有得到一些客户的品牌认同，电力企业的服务价值缺乏与客户连接和传导的方式。会员体系在一定程度上可以成为与客户连接的管道，减少客户对于价格的敏感性，特别是那些潜在流失的客户。

2.电力企业视角

电力企业如果要进一步强化或细分服务品牌建设，可以借鉴会员体系的成熟做法。在市场化企业或竞争较强的行业，会员体系一般都是提升客户服务品牌的普遍方法。围绕着基础会员发展到高级会员逐层提升，从会员消费、会员俱乐部、会员生态圈逐步升级建设，如：中国移动的“全球通”品牌，VIP会员管理，金卡会员、银卡会员分级管理体系。

从能源产业生态发展角度，电力企业基于统一客户模型已经打通了生态客户体系。为了使统一客户模型体系发挥更大的作用，可以将会员体系作为一个主要载体，通过会员体系更准确和有效地甄别客户的潜在价值，为综合能源、电动汽车等新型业务引流、赋能，提升能源生态的影响力和商业价值。甚至于未来，与互联网亚马逊Prime会员、零售百货Coscto会员类似，可以基于能源互联网生态圈，创新出基于会员体系新的商业模式或盈利模式。

（二）会员体系建设框架与内容

1.会员体系对象框架

基于会员体系，相关对象分析如图4-4所示。

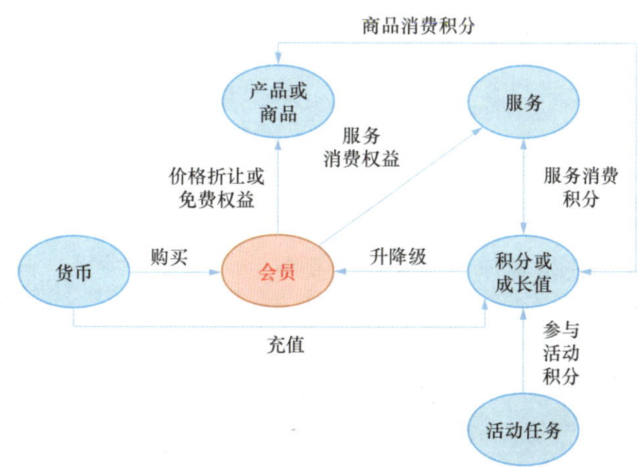

图4-4　会员管理对象分析框架

2. 会员体系主要业务逻辑关系

从业务视角，会员管理主要可以划分为管理、业务、运营三类业务。

（1）管理类：包括会员级别规则、会员成长规则、会员有效规则、会员权益开发、会员运营分析、会员日常运营监控及异常处理，如图4-5所示。

（2）业务类：包括会员级别确定、成长值变化、会员有效期，此类业务具体执行一般通过软件系统规则算法自动实现。

（3）运营类：包括会员推广、积分推广（成长值变化）、权益推广（兑现）。

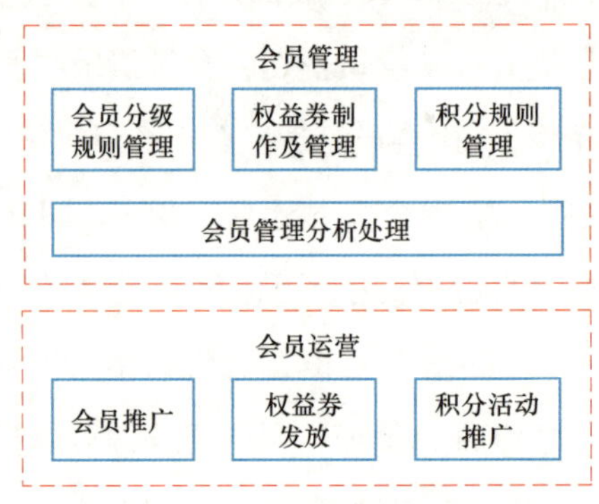

图4-5　会员管理业务分析框架

3. 会员体系的实质分析

用户和客户的最大区别在与付费与否，用户不一定购买过商品或服务，而客户一定是购买过产品或服务的。微信为什么要用免费模式吸引大量的用户呢？包括360免费杀毒软件、百度搜索、抖音等，“羊毛出在羊身上”，都是由广告商、软件提供商来买单。这里面体现的就是“入口”思维模式，比起短期的利益，微信、360等要的是用户规模，要的是用户的基础数据，有了用户基础，形成规模入口，便可以嫁接生态链，产生各种变现的可能。

目前企业几乎都在利用这种新型的客户关系，将免费的商品或服务作为诱饵吸引大量的用户，与之建立连接关系。比如借助诱饵，让客户加你微信，关注你的公众号、头条号、直播平台，这就使得客户与你建立了简单的“连接”关系。同时，有了大量的用户基数，这样你就可以与广告、金融、物流产生异业联盟的可能，建立属于自己产业领域的生态圈。因此，新型的会员关系不再是付费后才是会员，不再是付费后才开始产生关系。客户和你建立连接的那一刻起，关系便已经开始。

从层级配置的角度认识，会员体系通常有不同的作用与价值。

（1）免费会员：通常用于建立联系或获得流量。

（2）付费会员：通常用于重构一种商业模式。

（3）3～5层会员：通常用于提升服务或者改善服务体验。

（4）>5层会员：通常用于促进和拉升消费，尤以网络游戏行业居多。

因此在搭建会员体系的过程中，需根据客户关系由“浅”及“深”，层层递进。从建立广泛连接的“浅关系”开始，发展到“客户为你说话，帮你传播”的“深”关系。

首先是渠道连接。与广义的会员建立连接关系，便是关系的开始。这时要广泛地和客户做好连接，借助直播平台、微信、微博、知乎及自有平台等各种碎片化渠道进行推广，让人们关注你。

其次是会员的管理。对于不同价值的客户，通过会员等级策划、积分策划、权益策划以及标签体系的搭建，做好会员分层管理。

再次是内容互动的管理。针对不同等级的会员，做好精准化、个性化的内容营销、活动营销，统称为内容管理。通过内容管理，实现客户价值等级提升。通过微信、H5页面、邮件、短信全渠道的内容制作和管理。拉动用户的活跃度和提升用户价值。

最后是投放的管理。结合会员的交互反馈及客户标签，把内容定时、定向、精准地推送给不同的会员，实现客户关系的逐级提升。

四、典型场景应用

客户通过线上或线下渠道在办理电力业务的全流程服务过程中，业务受理人员会采集客户关系的相关信息，建立相应的客户标签，实现“千人千面”。根据客户购电信息，建立标准的会员体系，并针对不同的会员群体制定差异化的营销策略，实现精准营销。

场景描述：针对有较多屋顶建筑的居民小区，附近营业厅工作人员主动开展新能源业务推广，吸引客户进店体验，营业厅系统自动采集客户的人脸信息，对客户进行智能识别和大数据分析。发现客户有安装光伏的潜在需求时，将其推送给营业厅服务人员，服务人员与客户确认需求、推介光伏货品及整体解决方案。客户经理接收客户预约信息后，进行现场勘查、方案拟定并指导客户进行线上下单支付及申报安装。

第二节 场景体验力

围绕着消费体验提升，适应消费变革，通过营销渠道的场景革命，重构消费者与商业的连接，让终端既是新的流量入口也是新品牌的曝光窗口。众所周知，现在的“互联网+”正在变成“+互联网”，线上流量因为竞争的激烈正在趋于饱和。很多互联网企业都转向线下，去攫取线下流量红利。无论是小米之家的线下体验店还是淘宝、京东的无人便利店无不如此。在这样一个移动互联网时代，我们正在进入一个新的场景时代，场景时代是对流量时代的一个革命，场景成为新的流量入口，成为一种新的商业生态。总的来说，消费场景的构建，会让营销更加有温度。

一、营业厅数字化

新零售就是人、货、场的重构，今后的店铺将不按照类目区分，而是按照人群区分。新零售就是数字化的商业，如果商家不改变思维，就很难做生意，新零售就是将营销数字化。

随着信息化进程的不断推进，传统电力营业厅也在持续的建设更新，营业厅的整体形象、硬件条件有了明显改善，客户办理业务的体验有了大幅提升。实体营业厅作为客户服务的重要前沿阵地，应在电力营销数字化转型中发挥重要作用，如利用营业厅空间开展信息发布类、商品交易类、展示体验类等业务。

综合应用“大云物移智链”等智能化技术，以“业务融合数据、数据赋能业务”为抓手，充分发挥实体营业厅作为电力营销服务前端的终端物联能力，深度聚合和挖掘市场、客户、服务、生态、运营等数据资产价值，通过营业厅数字化转型形成全方位、多角度灵敏洞察，打造客户服务体验感知能力、培育核心业务办电互动能力、强化管理运营智慧辅助能力，提升设备互联融合共享能力、创新电力服务业态拓展能力。对内打造在线、自动、高效、灵活、可视的营业厅运营管理体系，推动营销服务持续高质量发展；对外构建电力营销服务新生态，提供便捷、个性、深度、互联、高价值的能源服务和客户体验，助力市场开拓与价值提升，实现营业厅全感知、全渗透、全覆盖、全智能，使营业厅真正具备了解市场、了解客户、为社会提供数字化普遍能源服务、引领能源互联生态共赢的能力。

（一）传统办电缴费业务线上化

传统人工柜台服务受理的主要业务是高频低值业务，服务成本较高。现依托营业厅的数字化建设，通过对传统办电缴费业务的线上化引导和转移，能够让营业厅人员从事精益服务和增值服务，提高人力资源的产出效益。

1.证照自动获取

业务办理过程中，需要客户提供相关证件时，系统自动从证件库获取客户的证件信息，如果系统缺少证件，自动从政企平台获取相关证件，供客户选择。

2.语音交互查询

客户可以用语音交互方式进行停电信息、电价信息、业务办理流程、个人档案信息、工单进度信息等的互动查询。

3.线上业务体验

设立移动终端体验桌，配备多台联网智能手机、智能平板、联网电脑等，为客户提供多种类线上渠道的业务办理操作，客户在体验和办理过程中，有任何疑问可以通过一键呼叫系统寻求帮助；设立有座椅的体验台，为办理业务较复杂、需要花费较长时间的客户提供较舒适的服务体验；设置二维码等宣传材料，布置于桌台四周，宣传线上渠道相关信息，如使用方法、功能范围与优势等；提供良好的Wi-Fi服务，确保线上业务体验流畅快捷。

4.业务一站式办理

服务时简化操作流程提高办事效率，包括电力传统业务办理及综合能源业务办理。电力传统业务办理主要为客户提供线上线下交费，以及新装、增容、变更等一体化业务的咨询和办理。综合能源业务办理主要是为客户提供分布式光伏并网、电动汽车充电桩新装、电能替代等个性化的综合能源业务的咨询和办理。

5.票务电子化

利用二维码以及远程税控等技术，实现营业厅的智能缴费与发票自助打印，优化电力移动应用App电子发票功能，满足客户查票、开票、发票作废、取票等多种发票功能需求。

（二）智能引流分流客户

通过智能引导台、厅内客户轨迹采集等智能化手段，优化厅内功能布局，实现客户业务办理的自动分流。基于对临厅客户的精准洞察分析，实现对客户的新兴业务推荐引流，提升自助终端和线上引流效率。

1.功能分区智能规划

根据营业厅定位，利用客户360视图获取营业厅覆盖区域客户特征、客户交费办电习惯、综合能源服务需求等信息，通过大数据、云计算等数字化技术进行分析，科学确定每个营业厅的功能分区和设备配置。

2. 厅内客户轨迹采集

通过摄像头对营业厅客户行为轨迹进行采集，围绕客户接触过程与接触结果对客户轨迹信息进行分析，支撑对客户需求的预判。

3. 客户行为模型搭建

通过打通营销2.0与外部渠道的连接，利用渠道埋点获取到的客户行为数据，搭建模型，导出新业务的需求，结合标签做客户传统办电行为的分析。

4. 业务自助办理

在营业厅配置多品类的自助设备，满足客户业务办理、电费缴纳、发票打印等多种业务需要，实现客户意愿的快速满足。

（三）赋能客户现场体验、线上下单

通过数字化营业厅的功能分区设置（设置电动汽车体验区、新零售专区、电能替代展示区等），让客户沉浸式体验新兴业务产品和了解实物积分商品，并提供云货架、智能导购等智能化客户购买辅助，实现新业务市场推广和精准推荐。

1. 品牌宣传展示

利用VR、AR等技术赋能展示体验，辅以数字大屏、展墙展板的方式，展示电力企业发展理念、思路等企业文化，以及核心业务领域的最新动态；同时，通过互动屏幕体验吸引客户进入品牌展示区。可通过后台系统自主定制播放内容。

2. 新兴业务市场推广

借助营业厅数字化展板、线上网点品牌信息展示，宣传营业厅的特色市场化业务。借助抖音、微博、公众号等自媒体，对客户偏好的市场化业务进行推广。

3. 新兴业务精准推荐

根据渠道埋点布局，采录客户行为轨迹信息，系统自动匹配客户特征，借助客户标签，预判客户诉求，智能推荐电动汽车、电能替代、光伏等新型业务。

4. 云货架导购

利用云货架等丰富商品展示，实现“线下精选+线上海量”。支持一键展示商品基本信息，包含商品名称、商品编码、价格、商品图片、商品描述、商品规格、商品库存等，智能比选并为客户提供一键线上下单服务。

（四）营业厅服务监控预警

整合营销2.0管理看板业务应用，提供厅内客户、服务人员、设施设备主动辨识、状态监控、安全管控、智能调度等智能化作业手段，避免服务风险和舆情事件发生，提升厅内服务资源服务效能。

1.客户身份认证

通过客户办理业务时提供的身份证信息，在客户授权允许的情况下采集客户人脸信息，建设客户身份信息库。在营业厅入口设置高清摄像头，对入厅的客户进行人脸抓拍，通过人脸识别技术识别客户的身份，对于敏感客户及时通知管理人员。

2.设备统一接入

通过搭建营业厅设备管理平台，对各营业厅的服务引导设备、自助业务办理终端、自助交费终端、信息公告终端、评价器、高拍仪等所有设备，统一规划其接入的接口规范，将其全部接入管理平台进行控制管理。

3.服务负荷监控

利用营业厅的高清摄像头，结合人脸识别技术发现敏感客户，出现人流量过大、客户等候时间过长等情况及时通知管理人员；同时，对营业厅当天的人流量、在厅人数、客户行为轨迹进行实时监控，对营业厅各个区域的热度进行分析。

4.服务资源调度

班长通过管理看板、监控看板查看预约客户数、排队叫号实时动态数据、营业厅客户流量分布、预警工单等信息，根据系统提供的当日工作优先级进行工作布置，按业务量及时通过智能手环向引导员发出调度信息，通过引导合理安排各区域客户人数。

5.设备运行监控

综合应用“大云物移智链”等智能化技术，对营业厅设备的运行情况进行实时监控，包括自助设备、安防设备的实时状态、业务办理情况、故障信息等，实现故障信息实时报警、设备资源智能调控，确保营业厅安全、稳定、高效运行。

二、场景创新

（一）零售场景演进

经济的发展、生产力的进步、科技的创新、消费的升级，不断推动着零售业的改革，促进零售渠道的变革，从演化历程来看，可以分为以下五个阶段。

1.百货商场阶段

社会化大生产使商品由短缺走向丰富，城市化造就了大量城市人口和中产阶级，商业活动也极大地繁荣起来，催生了百货商场的产生。它的出现标志着零售渠道从过去分散的、单一经营的小商店，发展为综合经营各类商品的百货商场。与传统的小型店铺相比，百货商场拥有大面积的营业场地，营业设施比较完善，经营种类比较齐全，满足了顾客多样化的需求，也为厂商提供了展示自己产品的固定场所。消费者可以在百货商场买到各式各样品质可靠的商品，同时享受到逛商场的乐趣。

2.连锁商店阶段

随着消费能力、消费水平、消费观念上升到追求服务的品质、企业的品牌、生活方式的快捷和便利阶段，连锁经营应运而生。连锁商店是在总公司的领导下由分店经营同类商品、使用统一的商号、采取统一采购配送，实现了规模经营的零售企业。它适应了社会大生产的需要，把现代化的大生产与流通的规模经营，以及消费者的自由购买和个性化消费有机地结合起来。既改变了零售业的经营方式，又充分发挥了规模效应。便利店、专卖店、零售超市等典型的连锁经营商店大量涌现，一方面提升消费者购物的便捷性；另一方面让商品和服务更加标准化，满足了消费者对品质品牌的要求。

3.超级市场阶段

随着城市化进程的加速，生活物资日益丰富，交通更加快捷。同时，社会分工越来越细致，工作种类越来越多样化，工薪阶层大量产生，人们的时间也变得越来越局促。1930年，迈克尔·库连（Michael Kullen）在纽约创办了世界上第一家超级市场（supermarket），超级市场主要经营食品和生活日常用品，倡导“一站式购齐”的经营思路以及“无人售货，自主服务”的消费方式。业务流程可概括为“开架售货、自助服务、小车携带、出门结算”16个字。它的出现继承了百货商店和连锁经营的优点，并采取大量进货、批量销售的经销策略，尽可能降低商品价格，让利消费者，实现了商品的物美价廉，同时为消费者节省了时间。超市的出现适应了人们快节奏的生活，满足了城市居民每周一次的购物需求，极大地影响和推动了整个零售业的发展。

4.购物中心阶段

随着物质文明日渐丰富和居民经济收入的持续增加，人们对精神文明的追求更加强烈，消费者的需求更加差异化、多样化和个性化。同时，物流、管理和科技的进步提供了零售业发展所需要的流通手段、管理手段和物质技术设备，使商品的规模化、标准化生产和销售成为现实。购物中心是一种营业面积更大，集购物、餐饮、娱乐、休闲于一体的场所，全方面满足了消费者对娱乐、餐饮和购物的综合性需求。奥特莱斯、万达广场、万象城等大量购物中心涌现，成了消费者重要的消费和活动场所，也是家庭娱乐和亲子活动的重要地方。此外，它还解决了城市中心百货商场和超级市场停车难的问题。

5.无店铺经营阶段

随着大型以及超大型城市的产生，人们的工作和生活变得越来越拥挤，时间变得越来越稀缺，消费者对购物便利性和快捷性要求更高了。同时，随着通信技术和物流管理的快速进步，尤其是互联网和移动互联网的迅速发展，催生了电子商务等销售方式的产生。无店铺业态开始涌现并爆发式增长，颠覆式地改变了人们的消费习惯。无店铺经营主要是指电视购物、邮购、网上商店、自动售货亭、电话购物等，随着信息技术的应用，以网上商店为主的电子商务成为最具增长潜力、发展空间最大的一种业态。其特点主要表现在：对经营者来说，无库存和场地限制，经营成本低，可以全天候经营，不受营业地点限制；对于消费者来讲，商品价格低廉，选择余地较大，并能节省大量时间。无店铺经营具有准确性高、顾客信息反馈快等优点，同时由于是双向交流，可以及时了解顾客要求，充分满足现代消费者的个性化需要。现阶段，自动化销售和电子商务已经非常普遍，并开始蚕食其他实体零售渠道的市场份额。

传统零售是购物型门店、导购式销售，新零售是文案即终端、场景即门店。以前客户不到店里来，就没办法消费；现在文案即终端，文案跟导购是一样的，不在购物场景下，照样可以卖东西。客户有可能看到一个文案就下单了。

（二）典型场景应用

1.盒马鲜生——新零售的样板

2016年，盒马鲜生率先推出了零售模式，采取门店形式的“零售+餐饮”，生鲜占比大幅高于传统超市，面积在一半左右。定位中高端品质消费，生鲜品类齐全，中高端的海鲜如波士顿龙虾、帝王蟹等占比较高。瞄准社区人群，线上线下同步运营形成一个完整闭环。盒马客群中85%的用户为中等及以上收入者，盒马通过中高端海鲜吸引客户，筛选出价格敏感度低的客户，通过其他货品赚钱实现高客单价。盒马鲜生增加了线上业务，约占总业务的45%左右，单线上业务每天毛利7万元，等于毛利提升280%，即使减去线上业务的拣货配送成本2.8万元，毛利也能提升168%。盒马鲜生标准门店的面积为4000～6000m^2，根据资料显示，盒马鲜生1.5年期以上的成熟门店日销售额80万左右，坪效约为5.84万元/m^2，传统超市的坪效约为1万元/m^2，盒马鲜生的坪效是其5

倍左右。

2017年8月，《哈佛商业评论》评出了年度新零售TOP10，盒马鲜生光荣地位列其中，成为新零售的样板。盒马鲜生本质上是打造“门店环境体验+商品体验+餐饮体验+到家体验+粉丝互动情感体验”的一种升维体验，满足顾客的多维体验需求。自从盒马鲜生首家支付宝会员店问世，便贴上各种特色标签：产地直采、品质上乘、新鲜到家、价格亲民、无现金支付，种种标签让盒马鲜生显得足够神秘，它究竟是一种什么样的存在？

●多维体验的消费场景。

盒马鲜生集“生鲜超市+餐饮体验+线上业务仓储”三大功能为一体，业务模式是“电商+线下超市、餐饮”的结合体。其内部称之为“一店二仓五个中心”，即一个门店，前端为消费区，后端为仓储配送区，五个中心分别是超市中心、餐饮中心、物流中心、体验中心及粉丝运营中心。实行线上线下一体化运营，线下重体验，线上重交易，围绕门店3千米范围，构建起30分钟送达的冷链物流配送体系。有人评价盒马鲜生不是超市，不是便利店，不是餐饮店也不是菜市场，阿里巴巴内部则把它叫做一个数据和技术驱动的新零售平台。盒马鲜生就是致力于打造“吃”为核心，为用户打造完美购物体验，真正做到了它所提倡的“新鲜每一刻，所想即所得，让吃变成一种娱乐，一站式购齐”理念。

●线下业务：生鲜超市+餐饮体验。

线下门店基于场景定位，围绕“吃”构建商品品类，以消费者复购率极高的生鲜类产品为切入口，辅助标准化的食品，同时提供大量可以直接食用的成品、半成品等差异化商品，满足消费者对于吃的一切需求。餐饮不单单是体验中心，更带来了流量，增加了消费黏性。凭借加工能力，盒马鲜生可以为顾客提供大量半成品与成品生鲜，也丰富了互联网销售的品类。如果不想自己回家做饭，还可以体验盒马鲜生的“生熟联动”和“熟生联动”。消费者选购水产品后可以指定各个海鲜的做法，如果消费者吃过觉得味道不错，还能直接买到制作食物所需要的调料。调料部分也是盒马鲜生自行配制好的，让消费者也可以自己回家加工，在盒马App内也有相应的视频教学。

在陈列布局上，盒马将生鲜水产放在入口处，营造档次感，同时较为自由。超市入口的大门头用的全都是LED屏，会根据季节的不同和活动不同做一些更改。商品品类上，售卖103个国家超过3000多种商品，其中80%是食品，生鲜产品占到20%，未来将提升到30%。店内零售区域主要分为肉类、水产、蔬果、南北干货，米面油粮、休闲食品、烟酒、饮料、烘焙、冷藏冷冻、熟食、烧烤以及日式料理等各区。同时，作为精品超市，各个细节无不体现优良品质，譬如，生鲜商品、果蔬均统一包装、无散装售卖，不支持拣选，提供净菜等契合现代都市人快节奏生活的高溢价产品种类。

● 线上业务：餐饮外卖+生鲜配送。

线上业务端口为盒马App，App分为盒马外卖与盒马鲜生两个模块。盒马外卖主打专业餐饮外卖，盒马鲜生主打生鲜配送。生鲜是盒马的主打特色产品，生鲜占比大幅高于传统超市，生鲜区域面积在一半左右，品类齐全，中高端品类占比高，也有一些其他菜品，休闲食品和日用品占比较少。盒马外卖区别于传统外卖形态，盒马外卖定位专业外卖服务，不提供堂食。

通过电子价签等新技术手段，可以保证线上与线下同品同价，通过门店自动化物流设备保证门店分拣效率。以蔬果生鲜为主，为了让购买者放心，并没有采用传统线上的方式，而是所有商品均由店员从店内的销售柜台上选取，保证新鲜度为第一，选购的商品统一在后仓的打包车间进行打包，不会对门店消费区域进行干扰，更不会影响门店客户的线下体验。通过线上线下的融合，盒马鲜生实现了商品、价格、营销、会员的四个统一，以及线上线下的相互引流，创造出1+1＞2的化学反应，并带来单位坪效、人均效率及供应链效率的同步提升。

（1）新技术运用提升体验。

店面运用了大量新技术，旨在提升用户体验，自动化分拣及智能物流系统、电子标签等。几乎所有商品都已使用电子价签，电子价签的画质看起来像迷你版Kindle，主要提供了品名、价格、单位、规格、等级、产地等传统纸质价签提供的商品信息及对应条形码，还可以通过App扫码了解产品信息并加入移动端购物车。盒马鲜生主打水产、蔬菜、瓜果等生鲜产品，生鲜是一个价格变动相对频繁的品类。使用电子价签之后，店员只需在后台更新价格，便能完成盒马App和实体店内商品的同时变价。电子价签的价值却远不止变价功能。从顾客消费体验来说，电子标签也有较大价值：一方面顾客能通过盒马App扫描条形码，快速获取更详细的商品信息、线上评价等，帮助其更好地做出消费决策，提升购物体验，增强顾客黏度；另一方面通过App记录线下顾客扫码的商品种类、频率，并比对最后的购买行为等，亦可产生大量客户的行为数据，供盒马鲜生分析顾客消费习惯和偏好，从而提升商品选货能力和精准营销能力。

（2）打造会员消费的闭环。

盒马鲜生为了培养用户的移动支付习惯，把盒马App作为门店唯一的支付入口，消费者要想完成支付必须下载并注册会员，才能使用支付宝账户支付。从这个意义上讲，盒马鲜生其实是支付宝的会员体验店。通过这种较为强硬的方式引导非现金支付，是想依托盒马App建立起完善的客户体系，便捷地搜集大数据信息，可以掌握客户数据，针对喜好和消费习惯进行精准营销。

此外，还通过精准的会员定位重构消费价值观。传统超市的目标客户群主要是为家庭采购的中老年人，而盒马鲜生的客户定位更接近于年轻人这一电商消费主体，目前消费者80%是“80后”“90后”这批“互联网原住民”，这群目标客户既有庞大的数量，又有特殊的消费需求。盒马鲜生的目标群体对价格敏感度较低，这意味着能接受相对较高的价格定位，但是对价格的不在意一定伴随着对产品和服务质量的极高要求，以及对绝佳消费体验的需求。

（3）大数据赋能。

阿里巴巴集团运营淘宝、天猫多年，在大数据和客户体系方面有深厚的技术积累，之前天猫超市对一个客户能贴上180多个数据标签，对客户画像进行精准构建。传统超市虽然也有收银机能采集到一定数据，但是一方面传统超市收银机的数据维度有限，另一方面这部分数据也相对独立、难以提取和统筹分析。在阿里巴巴大数据基因的熏陶下，盒马鲜生在大数据技术的应用上可谓得心应手。开店有阿里巴巴大数据作为指导，可以针对不同消费阶层的活动商圈划定门店范围。从目前门店选址可以看出，盒马鲜生所选的商场多为中高档精品生活广场，周边有写字楼、中高端社区等配套功能。

盒马模式背后有其完善的商业逻辑，通过线上线下的深度结合进行优势互补，线上业务提升门店效率，增加业绩，线上高客单价也能基本平衡履单费用。同时，线上业务能很好地搭建客户体系和搜集大数据信息。而线下客户的体验和档次感能为线上，进行引流。线下门店承担前置仓功能，保证配送时效，超市业态比传统仓库能享受更低廉的租金。“生鲜+餐饮”的模式筑起线下壁垒，生鲜品类消费频次高，电商渗透率低，是线下超市护城河所在。餐饮增加了客户在店逗留时间，同时方便临期生鲜产品的处理。盒马定位中高端客户，价格策略是靠高性价比的生鲜产品来吸引客户，靠其他品类赚钱。

在数据赋能应用上，通过线上服务和线下支付来获取客户大数据。未来应用场景丰富，包括精准营销、商品结构调整和选址布局。通过线上和门店收集到的大数据可以对客户做到精准定位，进行针对性营销。对于流失客户定期监控，采取推送、送消费券等方式挽留客户，跟重新获客相比这种方式留住客户成本还是相对较低的。在商品结构设置上，也可以通过客户受欢迎程度、客户价格敏感度等大数据信息来进行调整。在门店选址布局方面也是大数据运用的一个重点，不仅需要企业和门店内部的大数据，还需要外部数据对备选门店周边客群特征，以及所在购物中心的人流量、密集度等进行详细分析。

在商业形态上，它像商场又不是传统商场，像购物中心又不是传统购物中心；它是一个消费的社区又是一个吃喝玩乐的中心，又是一个消费者连接的中心，还是一个新的社区、社群，真正基于消费多场景，为消费者提供便利。这种四不像的模式，实际上是以多维的方式迎战传统零售业靠天气吃饭、靠促销吃饭的一维的格局。它创造了一个高品质的客户体验，不管是到店还是到家服务，实现线上线下协同。

在商业模式上，盒马鲜生建构的是“IP+四大场景化入口（盒马餐饮/鲜生/集市/便利店）+App”的模式，以追求1+1+1＞3升维体验的效果。通过“消费场景+数据赋能+会员营销”三个维度上的共同发力，打造了一个三位一体的升维体验，自然既能赢得市场又能赢得口碑，更能赢得消费者的心。

2.供电营业厅转型

在电力体制改革浪潮和“互联网+”时代背景下，传统供电营业厅的软硬件设施已无法满足客户日益增长的服务需要。供电公司及时追踪智能化时代下顾客的新型需求，创新服务模式，为主动适应电力改革新形势和客户服务新要求，持续提升实体营业厅综合服务能力，开展营业厅转型升级。

【案例1】南京供电公司营业厅转型

如今的营业厅在色彩搭配、工艺设计方面均考虑合理搭配、契合营业厅特色的设计风格，打造人文主题智能营业厅。整体布局力求简洁、明快、大方，风格方面即充满现代感又不失亲和力，打造完美的感观效果，突破传统营业厅的冷漠和严肃，如图4-6所示。

功能区分布更加合理，按照营业厅的整体布局及顾客动线，精心设计服务动线，合理排布设置各区域位置，将引导区、自助区排布在离营业厅入口最近的位置，将人工柜面办理区排布在离营业厅入口最远的位置，为顾客提供便捷舒适的路线及智能高效的服务体验。另外，为提供差异化精准服务，显著扩大自助服务区，缩减人工柜面，优化、简化服务手续，有效节省客户时间；设立24小时自助区，为客户提供全天候服务；增设自助引导区，为客户提供业务导向及线上推广服务；为高压客户设立VIP客户服务区，提供“一站式”服务；拓展市场营销手段，设置营销推广展区，可通过墙面多媒体大屏向客户宣传能源创新、电能替代等。

图4-6 南京某营业厅内景

营业厅在服务手段方面，从纯人工式的服务转变为自助为主、人工为辅的形式。在自助区内，自主研发的业务办理终端，集多种智能化硬件设备为一体，实现低压业务全自助办理。如居民客户办理过户业务，传统营业厅人工柜台办理需要20分钟，而如今自助办理仅需5分钟；自助缴费终端从研发至今不断更新换代，增加了找零、打印交费凭证及电子发票、批量缴费、停电缴费等多种功能，满足客户日常缴费所需；线上已缴费的客户通过手机App中的二维码扫码在自助发票打印终端上出票，并且设有自助打印账单、自助查询电费电量等实用功能；水电气便民服务终端，实现了支付宝缴纳电费、水费、燃气费的三大实用功能。

引导区内的营业厅智能机器人，实现了智能语音取号、电费缴纳、业务咨询、综合查询等四大实用功能，客户持有身份证或带有二维码的电费卡即可轻松完成一系列基础业务，实现常见业务咨询精确化。

人工柜面的新设备——综合柜员一体机集成电脑终端、POS机刷卡仪、身份证识别器、高拍仪、服务双屏、叫号机、收费凭证打印机等所有柜面服务的硬件设备，支撑综合柜员制顺利推进，提升客户服务感知，如图4-7所示。

营业厅内部管控方面，通过现场运营管控平台，以网络互联与信息交换基础平台为骨干，以智能营业厅应用为主导，收集分析营业运营数据，将营业厅各类电子化设备统一接入，增设手持式移动终端，实现对营业厅综合业务、硬件设备、现场运营、人员绩效进行智能化管控，填补通过信息化手段进行营业厅运营管理的空白。

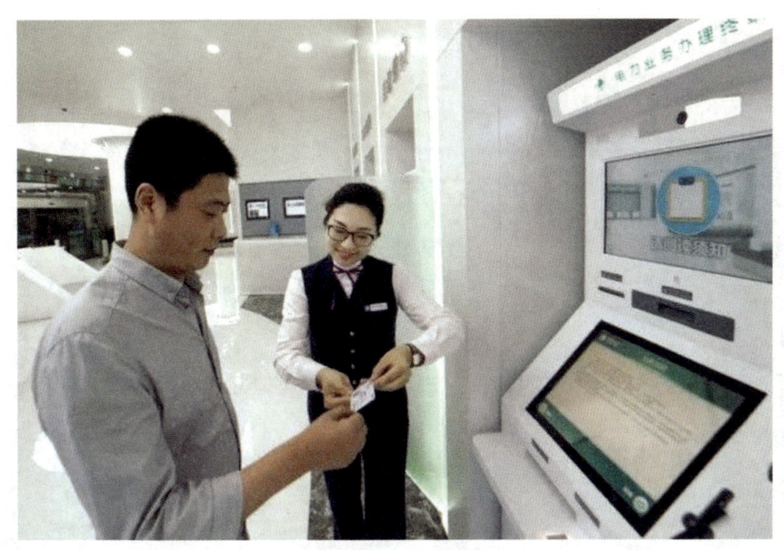

图4-7　如今客户自助使用业务办理终端，随到随办

在电力改革新形势下，南京供电公司以客户为中心，聚焦服务转型、管理提质增效，利用“大云物移”技术，构建工作流、信息流、数据流三流合一的全智能运营管理体系。通过优化营业厅功能布局、研发全业务支撑的智能自助服务终端，集中管控智能设备、环境、人员、工位、客流、交易及服务事件，进行智能设备互联互通、数据化标准化采集与集成，打造全智能运营的新型营业厅，为客户提供更加高效、便捷、精准的智能化服务，全面提升客户满意度，提高市场竞争力。

【案例2】德州供电公司营业厅转型

为了给客户提供优质高效的用电服务和体验，德州供电公司积极落实“以客户为中心”的供电服务理念，将数字化服务模式延伸到每一个区域。德州供电公司在营销服务楼的一楼建设了集服务、展示和体验于一体的数字化营业厅。数字化营业厅可以提供综合能源、智电生活、阳光业扩、“网上国网”、绿色出行、24小时“不打烊”、5G+电力应用、“党建+供电服务”等的线下体验和展示，实现智能设备管理、人机智能交互、业务智能分析和全业务线上受理。

在综合能源及电能替代专区（见图4-8），配置山东省综合能源示范项目电子沙盘、电能替代技术透明展示柜以及电能替代、乡村电气化展示大屏，全面助推供电新型市场业务的发展。依靠平台服务功能，供电服务人员可通过Pad、手机等终端设备，随时随地为客户提供高质量的能效服务。

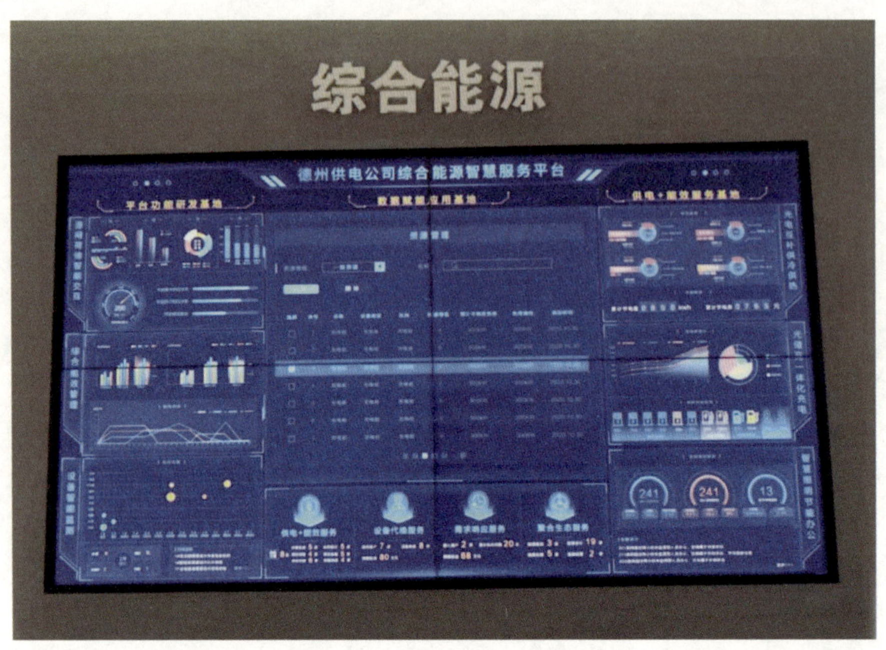

图4-8 综合能源智慧服务平台

在智电生活区，以“家庭实物场景+展示体验”的形式，为客户打造智慧客厅、智慧厨房专题展区（见图4-9），分别设有回家模式、观影场景、会客模式等十余种用电标准。

图4-9 智慧厨房

在阳光业扩体验区（见图4–10），德州供电公司坚持以提升客户“获得电力”满意度为目标，让办电更便利。通过政务信息共享，实现企业“一证”办电、居民“零证”办电、行政审批“一链办理”、“房产+用电”联合过户。

图4–10 阳光业扩体验区

对于企业客户，采用政企联动机制，促请政府简化审批手续，行政审批时限压减至2个工作日，实现500m^{2}以下工程免办规划许可手续；对于居民客户，在不动产中心办理完房产过户后，数据将实时同步至供电营销系统，供电人员直接受理用电过户业务，实现“房产+用电”联合过户“无感办”，让客户办电一次都不跑。

截至2020年底，德州供电公司共为3167户居民客户完成“房产+用电”联合过户服务，为政企客户提供“一链办理”服务2684条，数量均位于全省前列，获得电力便利度全省第一。

德州供电公司数字化营业厅内还有绿色出行区（见图4–11）、5G智能电网展示区、综合业务办理区等，这些区域将不断引领供电服务新模式，在提高供电服务效率的同时，让广大电力客户享受到现代化、便捷的科技服务。

德州供电公司将把营业厅由业务办理型向服务体验型不断优化发展，确保服务设备可靠运行，服务支撑有序响应，切实打造一站式全过程复合营销型服务场所，不断提升客户电力获得感。

图4-11 绿色出行区

第三节 产品价值力

互联网的普及彻底改变了固有的传统营销模式。同时，“大云物移智链”等数字技术的迅猛发展为客户提供了越来越多的新产品应用场景。互联网通过对消费者的每一次行为进行追踪与保存，可以形成海量的大数据。通过大数据分析，可以让消费者更加完整鲜活地呈现在商品生产企业面前：该消费者是谁？他在哪里？怎么能联系到他？他需要什么类型的产品？他通过哪些渠道购买产品？他的购买习惯是怎样的……面对这些“裸泳”的消费者，其需要什么，怎么获取，怎么营销，企业会一目了然。

基于此，如何打造有吸引力的产品，如何理解新的场景需求，充分利用数字化技术，打造贴近用户生活及习惯的产品，不断优化消费者的产品使用体验，成为至关重要的事项。

一、用户体验至上

美国著名社会心理学家亚伯拉罕·马斯洛认为，人的需要有生理的需要、安全的需要、归属与爱的需要、尊重的需要、自我实现的需要五个等级。对应到产品的用户体验上则是有没有满足用户需求的产品、这产品能不能用、是否靠谱、产品好不好用、是否足够吸引人、产品是否让用户惊喜、是否灵活响应用户需求、产品还有什么可改进的地方等，参与到产品的建言献策当中去。用户从产品上线运营或交付使用的那一刻起，就一直伴随着产品的成长，这是每一个产品经理都希望看到的事。

1.有没有好的产品定位

首先是产品的定义问题。这主要解决产品是什么，要做一件什么样的事，定下要做出什么样的一件产品，阐述产品的愿景、目标市场、市场竞争分析、战略目标和解决用户何种需求。很多时候，大家做产品并不是很明确，往往有了一个领导的愿景、一个比较模糊的目标市场就开始动工做了，很多做法只是停留在理论层面而没有实际行动。但是作为一个产品经理，基本的素质就是要遵循一定的产品定义流程，该做市场分析、竞品分析的决不能马虎，要对自己的产品负责。

其次是好产品的定义问题。比较为人所接受的一种说法是：直接满足用户某种需要、要求或者诉求的，间接发掘出用户某种需要、要求或者诉求并满足的产品都可以算是好产品。有时虽然无法获取到大多数的用户，但是能够精确定位到一部分小众用户也是可以获得成功的，前提是这部分小众用户有足够大的潜在消费能力。

最后是推广产品。再好的产品如果没有人知道、没有人使用或者用不起来，那也是徒劳。所以企业现在都很重视产品运营，好的产品都是运营出来的，当下开始流行产品引导性提示，一句好的宣传语能极大提升推广的效果，如“支付宝，知托付！”“微信，是一个生活方式！”等。

2.产品能不能用

从产品功能性角度来看，当产品提供了某种功能来满足用户的某个需要时，一方面是指这个功能有没有用，即用户对此功能是否有相关需求；另一方面是指这个功能能不能用，即用户使用了之后能否达到预期的效果。如果是前者，那基本上这个用户用过一次之后不会再来第二次，对用户来说这是一次糟糕的使用体验，印象分为0；如果是后者，在没有达到预期效果的情况，若有折中的使用体验能满足用户的需求，也会给用户留下一个“还行”的印象。有些专家型用户还会提出一些意见反馈，这就达到了产品能不能用的要求。应该来说这是一个基本的要求，若是将不能完美使用的产品投放出去，只能算是半成品，是对产品不负责任的表现。

从产品使用性角度来看，用户选择使用某个产品的时候，肯定都带有某种目的或者期望，当其发现使用了这个产品却无法达到其目的或期望时，用户就会放弃使用这个产品。这是非常正常的现象，我们无法满足全部用户的需求，但我们要满足目标用户的使用期望，如果连目标用户都觉得这个产品没有解决任何问题，那么这个产品就是一个无用的产品，对用户来说没有任何价值。一个没有用户愿意使用的产品，如果功能性没有问题的话，那么肯定是需求分析出了问题，即没有找到真正的用户需求，没有达到产品能用的要求。

3.产品好不好用

在部分产品能用的前提下，产品的好用程度会影响用户的留存度。现在产品市场竞争很激烈，除非是蓝海产品，其余的都需要考虑竞争的问题。一般产品好用的评价标准是，在满足用户需求的前提下，用尽量少的操作步骤去得到结果。为什么大家都在优化/简化产品使用流程，就是这个道理。例如，电子商务网站的购物流程在相同的购物目的下，用户在整个购物流程当中，需要六个步骤完成和只需三个步骤完成购物的体验是不一样的，需要注册登录才能下单和直接下单的体验也是不一样的。

从使用界面角度来分析，好不好用还体现在产品的整体界面排版布局和视觉设计上。界面排版布局会影响用户的操作轨迹，现在用户的视线轨迹基本上是“F”型，但操作轨迹却不是，在单个页面上最好是能一条直线走下去；多个页面上的操作现在比较流行TAB进度条型操作提示，以引导和鼓励用户完成操作。视觉设计主要体现在色彩搭配上，现在流行的淡色系和小清新风格，都是为了给用户一个良好的使用情景，比如可以减轻一些焦躁的情绪，使用户可以静下心来去使用产品。

4.产品是否让用户惊喜

让用户惊喜的产品，非常适合培养忠实用户，大家知道忠实用户的数量多少对一个产品价值的影响是非常大的。好的视觉设计也能给用户创造出愉悦的产品使用体验，使之可以掩盖一些产品上的瑕疵。一个产品的精致程度，用户在很大程度上都是通过产品的外观来衡量的。良好的视觉体验会让用户觉得我们是在用心做产品，也会增加去深入使用的好感度。让用户觉得“酷”的产品，会提升用户的使用体验度。

用户在使用某个产品的时候，都会有一个预先的目的或期望，当产品达到了这个期望，用户会觉得“还行”；当产品超出了这个期望，用户就会觉得“不错”；如果想让用户觉得“很好”，那就要看这个产品到底能超出多少期望了。为了达到这个超出预期的效果，以前较为流行的一种做法是往产品上堆叠功能，如附属功能、扩展功能、关联功能等，到最后用户都找不到哪个是产品原来主要功能了，这种方式已经被证明是不行的。应把产品的主要功能点做到极致，就是一种成功。例如，拍照的App那么多，为什么受欢迎的就那几款，其原因就在于它们找到了用户使用的诉求，简化了操作，并且超出了用户使用的预期。

5.产品还有什么可改进的

能做到让用户主动参与并提出意见反馈来改善的产品，这本身已经是一种成功了，也说明你的产品是有可取之处的，用户愿意在使用过程中发表自己的看法，来帮助产品去逐步完善和改进。这里的反馈主要是意见建议类的能使产品得到提升的方面。在有选择的前提下，用户是很自由的，若某个产品使用体验不佳，大可不必继续用下去，可以换个功能类似的产品，之所以未换，必定是该产品具有吸引用户的地方。该产品解决了其中一部分问题，至于未解决的部分，用户愿意告诉你如何去解决，需要的只是我们的专业性评估，以决定是否采纳用户的意见。这时用户已经完全参与进来了，满足了他们的一部分自我实现需求。

二、产品创新力

产品经济合作与发展组织（OECD）对产品创新的界定是：实现具有改进性能特征的产品或商品化，为消费者提供客观上新的或改进的服务。而根据科特勒博士对产品的定义，产品应该包括核心、形式、附加三个层次，现代企业产品创新是建立在产品整体概念基础上的以市场为导向的系统工程。从单个项目来看，它表现为产品某项技术经济参数质和量的突破与提高，包括新产品开发和老产品改进；从整体考察，产品创新贯穿产品构思、设计、试制、营销全过程，是功能创新、形式创新、服务创新多维交织的组合创新。

产品创新有多种分类，下面介绍两种分类。

第一种分类分为：①率先创新。指依靠自身的努力和探索，产生核心概念或核心技术的突破，并在此基础上完成创新的后续环节，率先实现技术的商品化和市场开拓，向市场推出全新产品。②模仿创新。指企业通过学习、模仿率先创新者的创新思路和创新行为，吸取率先者的成功经验和失败教训，引进和购买率先者的核心技术和核心秘密，并在此基础上改进完善，进一步开发。

第二种分类分为：①全新产品。这类新产品是其同类产品的第一款，并创造了全新的市场。②新产品线。这类产品对市场来说并不新鲜，但对于有些厂家来说是新的。③已有产品品种的补充。这类新产品属于工厂已有的产品系列的一部分，对市场来说，它们也许是新产品。④老产品的改进型。这些不怎么新的产品从本质上说是工厂老产品品种的替代。它们比老产品在性能上有所改进，能提供更多的内在价值。⑤重新定位的产品。适于老产品在新领域的应用，包括重新定位于一个新市场，或应用于一个不同的领域。⑥降低成本的产品。将这类产品称作新产品有些牵强，它们被设计出来替代老产品，但在性能和效用上没有改变，只是成本降低了。

下面将以苹果公司的产品创新案例进行详细阐述。

（一）核心产品层次创新

核心产品是指顾客经由产品的使用、消费所得到的基本利益。核心产品包括一个产品的功能性用途。企业可由产品的功能性用途入手创新，也可从其非功能性用途方面发挥。

例如，苹果手机iPhone将移动电话、宽屏iPod和互联网三种功能结合在一起，实现了核心产品创新。①全屏触控、多点触摸界面。这个功能是从人的感官上来设计，比如你要想缩放一张图片，只需要一个可量化的动作即可，比如手向下或向上拖动一段距离。这样的设计会使操作体验好很多，因为根据人的生活经验，用手拉一个弹性体会会使其变大，而捏一个弹性体会使其缩小。同时它允许用户同时通过多个触点进行操作，iPhone的这个创新设计使对虚拟物体的操作变得真实化，更亲切和友好，体现了以人为本的思想。它从用户角度出发，考虑了使用者操作时的感受。②短信组织创新。iPhone对短信的组织方式做了一点小小的改变，它把短信按联系人进行组织，打开某个联系人的短信，显示的是机主和该联系人的对话记录。一问一答的显示方式，聊天的感觉既亲切又舒服。③iPhone使用QWERTY标准键盘，并且设计一个虚拟键盘显示在屏幕上，当手指放到某一个键上时，这个键就会凸显出来，以防止误操作，这种设计实现了用户操作的便捷性。

（二）形式产品层次创新

形式创新是核心产品以外的具体形态，表现为产品质量、特性、款式、包装和品牌五大要素的有机结合。在形式产品层次，企业可以发现广阔的创新空间。例如，改进质量，完善产品的使用性能；改进特性，在产品的规格、重量、体积、材料或附加物方面改变或增加某些属性，扩大产品的适用性；改进款式和包装，增加产品的美感。

（三）附加产品层次创新

顾客购买产品以后，为确保实际获得该产品的基本利益，会对卖方产生一些有关的想法和要求。企业为此提供的售后服务，如运送、安装、调试、使用指导和维修以及相应的承诺、保证等，构成了该产品的"延伸产品"。从市场营销的意义来说，延伸产品是任何产品不可缺少的内容；从创新的角度而言，它又是一条大有作为、有待开发的重要思路。

以苹果手机的AppleStore为例，AppleStore解决了相关产品的使用、bug收集、创意及意见。如，苹果手机用户可以直接登录商城去看如何使用iMovie，看别人使用的小窍门，下载相关产品。AppleStore完美取代了以往的热线电话和投诉电话，让用户真正体验到Apple大家庭的欢乐。同时，AppleStore提供新的软件和插件，让用户下载使用；发布一些有趣的新闻，都能快速分享给用户。

三、电力企业产品体系构建

新零售的根本在于满足客户多元化、个性化的消费需求，电力企业应拥有产品运营能力，根据客户消费数据分析出消费需求以及产品咨询、使用反馈，不断迭代优化产品体系各环节，对内外部的产品资源进行整合，并结合客户需求、市场调研及评价反馈，不断优化产品设计，实现品类规划、产品服务展销。

电力企业新零售业务面向B端和C端客户开展电动汽车、智慧电器、光伏服务和金融保险四大业务，鼓励各级供电企业结合本地市场需求和工作承载能力，自主安排业务范围和试点单位。

电动汽车：提供家用、公务、公交、物流、出租等多类型车辆租售服务，配套充电桩销售、安装及代运营。

智慧电器：开展智能物联家电及商用电器宣传、推广、租售，提供能效服务。

光伏服务：开展光伏组件销售，提供咨询、建站、并网、运维、结算等一站式光伏服务。

金融保险：提供财产损失保险、责任保险、信用保险、保证保险、人寿保险、健康保险、意外伤害险等产品。

（一）电动汽车业务产品体系

1. 车辆产品

电动汽车公司结合地市公司调研情况，依据各地区经济发展、已有电动汽车市场、销售渠道布局及市场容量等情况，选择与品牌影响力高、研发能力强、质量体系完善、产品谱系丰富的主流车企合作，共同构建具有电力企业特色的产品体系，推荐车型见图4-12。

序号	主机厂	车型	价格（万元）
10万元以下			
1	北汽	EC5	9.99
2	长安	奔奔EV	6.98
3	长安	CSI5EV400	8.98
4	江淮	IEV6E	5.95
5	江淮	IEV7S	9.35
6	奇瑞	瑞虎 3XE	9.38
7	奇瑞	小蚂蚁	5.98
8	长城	欧拉 R1	6.58
10万~15万元			
9	北汽	EU5	13.99
10	比亚迪	S2	11.74
11	比亚迪	E2	11.74
12	比亚迪	秦PRO（混动）	14.49
13	比亚迪	元 EV535	10.99
14	吉利	帝豪 GSE	11.98
15	吉利	帝豪 EV500	13.58
16	上汽	荣威 EI5	12.88
17	上汽	荣威 EI6（混动）	14.28
18	上汽	ERX5（混动）	14.78
19	上汽	名爵 EZS	11.98
20	长安	逸动 EV460	12.99
21	长安	逸动 ET	13.29
22	广汽	传祺 GE3	12.98
23	奇瑞	艾瑞泽 5E	10.98
24	小鹏	G3 2020 标准版	14.3877
25	长城	欧拉 IQ	11.48
15万~20万元			
26	北汽	EX5	16.99
27	北汽	EU7	16.59
28	比亚迪	秦 PROEV	17.74
29	比亚迪	宋 PROEV	19.73
30	比亚迪	宋 PRO（混动）	18.78
31	比亚迪	宋 MAX（混动）	17.09
32	吉利	几何 A	15
33	上汽	博瑞 GE（混动）	18.18
34	上汽	荣威 ERX5（混动）	17.88
35	广汽	AIONS	15.98
36	威马	EX5	16.48
37	小鹏	G3 2018 标准款	15.58
38	小鹏	G3 2020 长续航版	15.98
20万元以上			
39	比亚迪	唐	28.74
40	比亚迪	唐（混动）	26.29
41	上汽	荣威 MARVELX	26.88
42	上汽	荣威 E950	25.59
43	蔚来	ES6	35.8
44	蔚来	ES8	44.8

图 4-12　电动汽车业务推荐车型

2. 金融产品

电动汽车公司与合作金融机构，在全国范围内开展电动汽车新零售业务的合作，由金融机构提供分期购车等金融产品服务，并负责金融产品落地，详见表4-1。

表4-1 金融分期业务

分期期数	分期手续费率（持卡人承担）
12期	4%
24期	8%
36期	11.50%
48期	15%
60期	18%

3. 保险产品

结合销售产品，提供电动汽车、充电桩、人寿等多种保险产品，详见金融保险业务产品体系。

4. 充电桩产品

针对C端客户，结合客户个人桩安装诉求，电动汽车公司推出“充电桩+安装”套餐服务，协助客户完成整体报装安装服务流程；对于老旧小区不能安装充电桩的客户，提供公共充电包套餐，a年以内或b万公里以内充电享有服务费折扣优惠。

针对B端客户，对于专用充电场站、新增充电设施的相关需求，电动汽车公司推出“专用场站建设/合作+充电企业折扣”套餐，B端客户满足一定充电量要求后，可以与电动汽车公司商定专用充电场站合作或为其开通充电企业折扣，企业可结合充电量享受充电服务费阶梯折扣。

5. 购车优惠套餐

通过对赠送充电桩、充电卡、车载配饰等产品和道路救援、洗车、首次保养等服务进行组合，形成优惠套餐，各项套餐价格不高于市场价格。电动汽车公司可根据情况按优惠内容自行搭配套餐。

（二）智慧电器业务产品体系

1. C端产品体系

根据区域特性及区域内客户的消费习惯，分为基础型和智能型产品。基础型产品以优质优价，满足家庭基本生活需求的家电产品为主；智能型产品以提升客户生活理念，满足家庭生活舒适、便利、节能环保的中高端家电为主。

（1）基础型产品。

电气化产品。主打大功率特色家电产品，满足客户电能替代和家庭用能升级需求，主要产品为电地暖、电墙暖、家用电器、电炊具等。

智能家居产品。主打服务质量有保障、产品品质较好的一线家居品牌套餐化产品，主要产品为全套智能家居系统、智能照明套装设备、智能小家电、智能开关插座、智能安防系统等。

家装周边产品。主打电工器材、安全用电设备、仪器零配件、照明设备等，具体产品为五金工器具、家用隔离开关、漏电保护器、开关插座、接线板、电灯照明、电线电缆等。

（2）智能型套餐产品。

智能型套餐产品以满足客户的高端需求并结合年轻客户群体需求为主，具备科技化、智慧化、物联化特征，提供交互式客户体验，主打智能客厅、智能厨房、智能卫浴等。主要品类为智能电视、智能空调（柜式或壁挂式）、扫地机器人、多功能吸尘器、智能照明系统等生活家电相关产品。

2.B端产品体系

面向B端目标客户，依据各地区产业经济、城乡特点、季节气候等差异，开展市场需求调研，构建产品体系。深入挖掘生产、生活类电气化产品新需求，因地制宜，制定精准营销策略，以有竞争力的价格、高品质的服务、专业化的团队，提供精细化的落地方案，实现对B端市场的业务拓展。

（1）生产型企业。面向生产型企业，提供生产加工产品。对物流企业提供冷链温度控制、电制冷、电保暖产品。对农业生产企业提供农业种植、畜牧养殖、水产养殖、农产品加工产品，如大棚电保温器具、电力增氧机、电力喂食机、电热烘干机等电气化产品。

（2）非生产型企业。面向酒店餐饮等客户，提供双品牌智能物联家电、厨房电气化、制冷供热电气化产品；面向商业建筑、高等院校、企事业单位等客户，提供电热锅炉、新风系统、智能照明、电制冷、电供热等产品。

3.双品牌智能物联家电

联合美的、海尔、奥克斯等知名品牌厂商打造空调、热水器、插座等双品牌智能物联家电产品，采用HPLC（高速电力线载波）、WiFi两种传输技术，实现产品与平台间物联交互。

（三）光伏业务产品体系

光伏业务产品体系如表4–2所示。

（1）光伏成套系统和组合系统的售卖及服务。为客户提供建站咨询、方案设计、设备采购、施工安装、并网接电、电费结算、监测运维、光伏金融、光伏保险一站式服务和全生命周期管理。

（2）光伏单品及配件的售卖。为客户提供光伏组件、逆变器、支架、并网箱、线缆等产品。

（3）光伏电站运维服务。通过光伏云网平台，为客户提供光伏电站智能化运维服务。

表4–2 光伏业务产品体系

序号	产品品类	容量（kW）	安装服务	运维服务	金融服务
1	成套系统	3	包含	包含	包含（可选）
		5			
		7			
		8			
		10			
		15			
		20			
		25			
		30			
2	组合系统	3	包含	包含	包含（可选）
		5			
		6			
		7			
		8			
		9			
		10			
		12			
		15			
		18			
		20			
		25			
		30			

续表

序号	产品品类	容量（kW）	安装服务	运维服务	金融服务
3	逆变器	3	不包含	不包含	不包含
		5			
		8			
		10			
		15			
		20			
		30			
		50			

（四）金融保险业务产品体系

能源金融新零售产品套餐分为新零售特色产品和特色金融产品两大类别。下面选取国网英大集团新零售产品套餐做详细解释说明。

1.新零售特色产品

车辆保险优惠增值套餐见表4–3。

表4–3 车辆保险增值套餐

产品类别	版本	套餐类型	险种	适用人群
车辆保险	乡村版	乡村无忧套餐	车损+三责100万元/150万元+车上人2万元/5万元/座+盗抢+玻璃+无法找到第三方+不计免赔+交强险	女司机或新手新车
		乡村畅游套餐	车损+三责50万元/100万元+车上人1万元/2万元/座+盗抢+不计免赔+交强险	开车经验多、经常开车外出人员
		乡村基础套餐	车损+三责30万元+不计免赔+交强险	开车谨慎的老司机、开车次数少、距离短的车主
	城市版	全险黄金套餐	车损+三责150万元/200万元+车上人5万元/10万元/座+盗抢+玻璃+划痕5000元/1万元+无法找到第三方+不计免赔+交强险	对车险要求全面的车主或新手新车
		最佳保障套餐	车损+三责100万元/150万元+车上人2万元/5万元/座+盗抢+玻璃+不计免赔+交强险	女司机、车技相对较差的车主，停车环境差

续表

产品类别	版本	套餐类型	险种	适用人群
车辆保险	城市版	经济套餐	车损+三责50万元 /100万元/150万元+车上人1万元/2万元/座+盗抢+不计免赔+交强险	开车谨慎的老司机，开车次数少、距离短的车主

光伏组件财产保险套餐见表4–4。

表4–4　光伏组件财产保险套餐

套餐类型	险种	保额	保费	产品特色	事故免赔
无忧套餐	财产险	以发票金额为准	发票金额的0.8‰	保障自然灾害或意外事故造成的自有家庭光伏电站损失	每次事故绝对免赔额2000元，每次事故绝对免赔率20%，两者取高值使用
	附加第三者责任险	5万元	30元	运行过程中，造成第三者人身伤亡或财产直接损毁，最高赔偿5万元	
		10万元	60元	运行过程中，造成第三者人身伤亡或财产直接损毁，最高赔偿10万元	

充电桩综合保险产品见表4–5。

表4–5　充电桩综合保险产品

产品名称	保障内容	保费	保险期间	产品特色
英大充电桩综合保障	1）充电桩财产保额1万元； 2）充电桩充电责任安全责任险保额3万元	5元	1年	新能源车专属产品，让您使用充电桩更加放心、安心

居民用电意外险产品见表4–6。

表4–6　居民用电意外险产品

产品名称	保障内容	特色服务
英大居民用电意外保险	1）所有家庭用电过程中导致的意外身故、伤残、烧烫伤； 2）5万保障，仅需0.99元； 3）多款方案可选择，保障高达100万元	1～70周岁，儿童、老人均可保

2.特色金融产品

表4–7为在售的特色金融产品列表。

表4–7 特色金融产品

序号	产品提供方	产品销售名称（2019版）
1	英大财险	投标保证保险
2		机动车辆保险
3		“守护幸福之家”综合保障计划
4		“泰和之家”电网职工个人综合保障计划
5		“泰惠保”家财险
6		“泰惠保”个人意外险
7		“泰惠保”驾驶人意外险
8		“泰惠保”国内旅游险
9		交通工具意外伤害保险
10		英大航空意外伤害保险
11		英大居民用电人身意外险
12		英大预防接种个人意外伤害保险
13		英大司乘人员意外伤害保险
14		英大“四季安泰”个人意外伤害保险
15		“i家电”家用电器安全险
16		英大居民用电人身意外险升级版
17		“泰惠无忧”个人综合意外险
18	英大人寿	英大出行护身福两全保险
19		康佑倍至终身重大疾病保险
20		金鑫满堂年金保险
21		康爱无忧重大疾病保障计划
22		百万安惠医疗保险
23		“电安保”套餐
24		“小微保”套餐
25		英大e康安泰重大疾病保险
26		英大e安行交通工具意外伤害保险
27		英大安佑综合意外伤害保险
28		英大安享用电意外伤害保险
29		英大e富宝两全保险

四、产品品控机制保障

（一）电动汽车产品品控机制

1.选品管理

（1）选品原则。选定的电动汽车产品必须是已加入国家电动汽车销售名录，销售资质、证件齐备的合法合规产品。

（2）选品品类。由电动汽车公司按照乘用车、商用车、非道路车辆等品类，组织与意向供货车厂和充电桩设施厂家商谈商务政策和供货方案，选定产品。商谈过程中针对车型配置、市场管理办法、技术标准、供货周期、服务标准等提出相应的约束条款，包含生产厂家属地服务经销商的服务承诺和服务方案，打通售车业务的供货渠道。

（3）选品方式。

1）地市供电公司提出产品需求。省电力公司给地市公司下达车辆意向调查通知，地市公司进行属地市场调研，根据当地市场调研结果，编制需求车型清单，每月月底向电动汽车公司提出具体的销售车型需求。

2）电动汽车公司负责建立销售渠道。电动汽车公司根据地市公司提出的产品需求，与主流车企的主机厂及其经销商沟通，争取最优价格和服务，搭建起需求车辆的供货渠道。定期根据不同市场需求及车辆产品迭代，制定价格优惠策略，制定区域销售推广手册。

3）针对不同业务场景确定选品。电动汽车公司针对农村市场，主推车辆价位在5万～10万元，续航里程300千米及以下的车型；针对县乡市场，考虑车辆价位在5万～15万元，续航里程400千米及以下的车型，满足乡镇到城市的出行需求；针对城市客户，考虑在城市间应用场景复杂多变，根据汽车市场变化情况，不定期进行新款车型推荐。电动汽车公司负责对网上平台电动汽车版块车型信息的上线、下线和维护，及时更新线上车型信息数据，每月例行更新调整不少于两次，有重大变化时1个工作日内完成更新调整。

2.产品更新管理

（1）上线流程。

1）电管家按周逐级上报需求，地市公司汇总报送至电动汽车公司，包括产品品牌、型号、配置等核心参数；电动汽车公司与主机厂、经销商对接产品品类、价格和销售方案。

2）电动汽车公司负责与主机厂、经销商对接，收集并核对车辆产品、售价、促销等信息，并将信息上报至电动汽车公司审核，统一上架到网上电力平台，并通知到地市公司。

3）各电动汽车公司负责营业厅产品更新上线，包括相关宣传物料、宣传单页更新等。由营业厅负责现场布置。

（2）下线流程。

1）网上电力平台专区产品下线流程：各电动汽车公司负责与合作主机厂、经销商对接，收集下线车辆产品信息并进行核对，并将信息上报至电动汽车公司审核，由电动汽车公司统一在网上电力平台下架。

2）营业厅产品下线流程：各电动汽车公司负责通知营业厅产品下线，包括相关宣传物料、宣传单页更新等。

3.展车管理

（1）电动汽车公司负责联系展车资源，将展车送至营业厅，完成车辆交接手续。

（2）营业厅每日对展示车辆进行盘点，及时发现问题，盘点内容见表4–8。

（3）营业厅负责展车的日常管理和清洁，重点对车辆是否锁门、熄火、外观划痕等进行检查，负责对车辆进行充放电管理，保障车辆剩余电量在80%以上。

表4–8　日常盘点内容

营业厅	展车品牌	展车车型	数量	外观是否完好	日期	记录人	备注

4.展车维护

电动汽车公司负责展车定期保养和故障维修。各属地营业厅如发现车辆在展示期间出现故障或问题，应及时报备电动汽车公司，并将故障信息如实登记在展车维护表上，如表4–9所示。

表4–9　展车维护表

营业厅	展车品牌	展车车型	维护情况	维护日期	维护周期	维护人	备注

5. 展车更新

（1）电动汽车公司负责与合作主机厂、经销商对接，根据市场信息更新展车，并将展车送至营业厅，办理交接手续。

（2）电动汽车公司负责更新展车宣传资料，营业厅负责将宣传材料摆放到位。

（二）智慧电器产品品控机制

1. 选品管理

（1）选品原则。

产品覆盖原则：智慧电器产品供应及服务原则上覆盖全国。

服务保障原则：选品应保障基础服务，包括但不限于合同中规定的发货时限、物流保障、产品安装、产品质保、产品售后等服务内容。

利润保障原则：在不高于市场标准价格前提下，选品利润空间应满足电费红包、电力积分、电管家激励、平台利润空间要求。

市场需求原则：选品应满足市场主流功能、品牌、档次等客户多元化需求。

（2）上架流程。产品上架流程如图4–13所示。

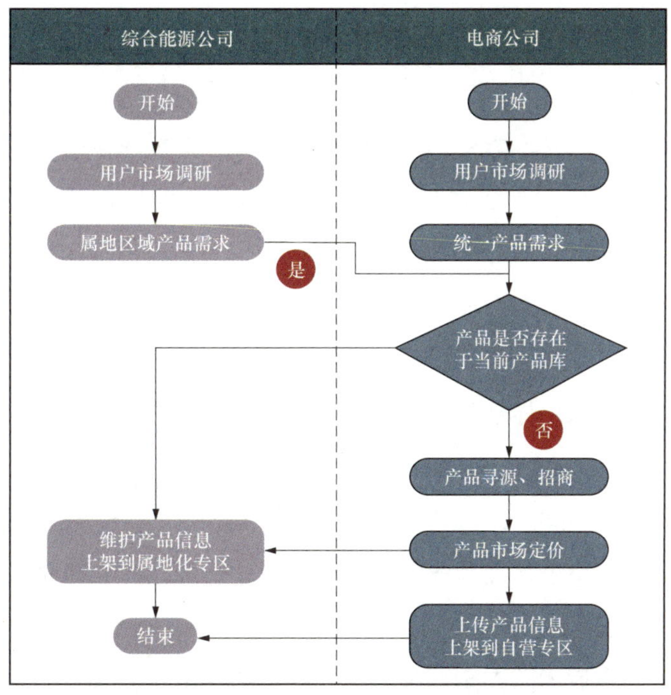

图4–13 产品上架流程

需求调研：电商公司负责开展统一用户市场需求调研，省综合能源公司负责属地化用户市场需求调研，收集并汇总客户需求（品类、品牌、档次、型号等），形成产品需求目录。

产品判断：电商公司判断需求产品是否在当前产品库中，如产品库中已有需求产品则直接进入产品上架流程，否则由电商公司统一开展产品寻源招商。

产品寻源：电商公司根据产品需求开展寻源招商，一般首先在当前供应链体系内进行产品寻源，若无法满足产品需求，则开展针对性招商。

产品定价：确认产品供应后，电商公司针对供应商供给价格结合积分、电费红包、电管家激励、产品综合利润空间、市场平均价格等因素进行产品定价（如为省综合能源公司寻源商品，则由省综合能源公司与电商公司协商定价），保障产品价格的市场竞争优势。

产品上架：由电商公司或省综合能源公司进行产品信息线上维护，分别将产品上架到网上电力平台自营专区或省（市）专区，保障产品信息准确，实现产品终端销售。

（3）产品下架。电商公司或省综合能源公司每周对在售商品进行梳理，将库存不足、价格优势欠缺的商品反馈至供应商进行调整，如无法解决，则进行商品下架处理。根据供应商考核机制，从服务、售后、产品维护等方面对供应商进行考核，对已淘汰供应商商品进行批量下架。

2.营业厅样品管理

（1）出样原则。A、B类营业厅作为新零售示范营业厅，参照数字型和功能型标准建设，可选取部分A类营业厅摆放实物样机。C、D类营业厅以新零售业务宣传推广为主，参照简易型标准建设，通过广告机进行业务展示，不进行实物出样。

产品出样流程如图4-14所示。

样品确认：由地市公司根据营业厅专区平面图、设计效果图，确定营业厅改造方案，与电商公司沟通确认出样样品，电商公司提供样产品清单及二维码，交付地市公司确认。

样品安装：电商公司联系厂商售后团队到地市公司进行样品安装，包括嵌入式家电、挂壁式家电。各地市公司在营业厅改造的过程中，需要严格依据改造设计进行展台制作，保证产品安装展示效果。

设备调试：厂商售后团队在全部施工工作结束后，电商公司进行展示产品和宣传设备的调试。针对展示产品中的智慧物联家电部分，应保障设备连接、控制功能正常。

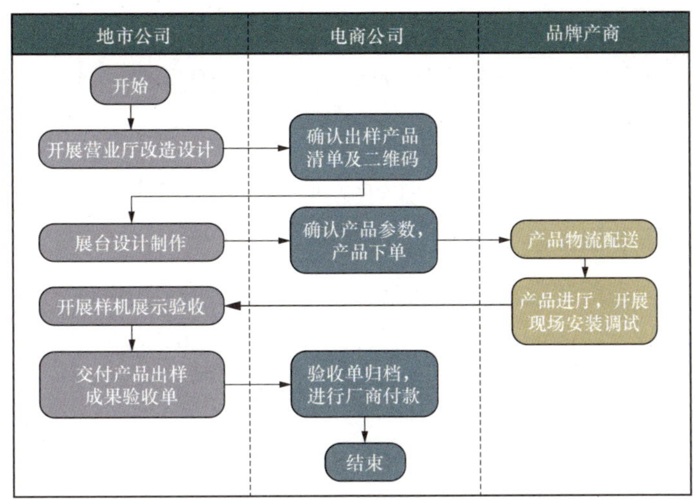

图 4-14　产品出样流程

成果验收：地市公司联合电商公司依据改造方案开展产品出样展示效果验收，进行出样产品功能测试、二维码验证等。验收完成后，地市公司向电商公司交付出样验收单。

（2）样品维护。

样品维护要求：各省（市）公司需在展示区应做好防火、防潮、防尘、防盗工作，保障样品外观整洁完好、功能正常。每周清点数量，如发现遗失或损坏及时上报省（市）公司，由省（市）公司统一反馈给电商公司，电商公司根据具体情况进行协商解决。

维修管理：产品展示及体验过程中，营业厅若发现样品故障可联系电商公司进行产品维修或更换。

（三）光伏产品品控机制

1. 选品管理

（1）选品原则。

质量原则：具备国家法律、法规、部门规章规定的有效生产许可证、产品质量认证、测试报告及3C认证，确保产品质量。

品牌导向原则：选择一线品牌，产品知名度高，客户易于接受，容易推广。

多样化原则：根据城市客户需求，选择高端产品；根据农村客户需求，选择中低端产品，构建电力企业网上平台光伏服务多样化产品体系。

服务保障原则：选择发货及时和售后服务优质的光伏设备厂商，提升客户对电力企业网上平台光伏服务的满意度。

（2）选品品类。

户用光伏成套系统：同一品牌光伏设备厂商提供光伏组件、逆变器、支架、并网箱和电缆，包括施工安装服务。

户用光伏组合系统：不同品牌光伏设备厂商提供光伏组件、逆变器、支架、并网箱和电缆，包括施工安装服务。

光伏组件：将太阳能转化为直流电能，分单晶组件和多晶组件。

光伏逆变器：将直流电能转化为交流电能，供家庭用电或并入电网，分为组串式逆变器和集中式逆变器。

光伏支架：固定光伏组件，分为斜屋面支架和平屋面支架。

光伏并网箱：连接光伏电站和电网的配电装置。

配件：包括直流线缆、交流电缆、压块、转接件、连接件和螺母等。

2. 产品更新管理

（1）上线流程。

需求调研：国网电商公司依托电管家等前端推广团队，开展客户市场调研，明确客户需求（品类、品牌、型号），将客户需求统一整理归纳，形成产品需求目录。

产品寻源：国网电商公司根据各省（市）差异化产品需求开展产品寻源，首先在当前供应商体系内进行产品寻源，若当前供应商无法满足用户特色化需求，则开展针对性招商，最终实现产品供应确认。

产品定价：确认产品供应后，针对供应商供给价格结合电管激励、产品综合利润空间、市场平均价格等因素进行产品定价，从而保障产品价格的市场竞争优势和合理利润空间。

产品上架：产品定价后，进行产品信息线上维护，将产品上架到电力企业网上平台光伏服务专区，应保障产品信息准确，实现产品终端销售。

（2）下线流程。国网电商公司定期对电力企业网上平台商品进行巡检，对库存不足、价格优势欠缺的商品反馈至供应商，如无法解决，则进行商品下线。建立透明、公正的供应商考核机制，从服务、售后、产品维护等进行考核淘汰，对已淘汰供应商商品进行批量下架。

（四）金融保险产品品控机制

1. 选品管理

（1）选品原则。能源金融新零售产品选品原则，是指金融机构为能源金融新零售渠道提供的金融产品（如保险、证券、信托、基金、融资租赁以及期货等）在新产品开发、方案制定、增值服务配置等过程中应遵循的原则。

涉电场景原则：结合电动出行、智慧电器、消费扶贫和光伏服务销售场景，选择能够促进新零售产品销售和具有客户针对性的金融产品和服务。

比较优势原则：选择在英大集团各单位销售情况较好、市场影响力大及客户口碑好、具备一定市场竞争力的金融产品和服务。

差异化原则：根据各地区经济发展水平、消费者习惯、人口数量等因素，针对不同地区省电力公司金融保险需求开发适合属地化销售的金融产品。

（2）选品品类。能源金融新零售产品品类主要集中投融资、保险保障和资产财富管理三个方面，具体包括保险、信托、证券、基金、融资租赁等产品。

2.产品更新管理

（1）上线流程。能源金融机构根据各地区、新零售各版块金融业务产品需求，填写《能源金融新零售产品需求表》，提请当地能源金融新零售专项领导小组审议。需求申请审批通过后，能源金融机构与网上平台进行线上销售对接工作，能源金融机构与各地市电力公司开展电管家线下销售对接工作。

（2）下线流程。能源金融机构根据各地区金融业务产品需求变化，更新金融产品类别或下架金融产品，填写《能源金融新零售产品需求表》，提请当地能源金融新零售专项领导小组审议。需求申请审批通过后，能源金融机构进行网上平台下线对接工作，并通知电管家开展工作。省电力公司若有意愿更新金融产品类别或下架某类金融产品，则提请当地能源金融新零售专项领导小组审议决定。

第四节　运营数字化

新零售运营数字化市场营销数字化、客户服务数字化和平台运营数字化三要素。下面围绕这三个方面，重点从市场营销数字化、客户服务数字化、平台运营数字化、电力企业实践四个方面进行阐述。

一、市场营销数字化

电力营销专业作为电网企业直接服务客户的窗口，汇聚着客户侧海量客户及用能数据。但当前营销管理工作中责任不清晰、监督稽查数字化手段欠缺、业务扩大导致的工作压力激增等问题日益突显，未能有效助益电力营销数字化转型。营销数字化转型需要优化客户体验、提升运营效率，实现营销业务提质增效。下面进一步分析营销数字化内涵、框架及实施路径，梳理重点建设任务及实施计划，有效推进营销数字化转型工作落地见效。

（一）什么是营销数字化

市场营销之父菲利普·科特勒在《市场营销原理与实践》一书中给出了市场营销的定义：市场营销就是管理有价值的客户关系。这是目前学界对市场营销最简明扼要、最准确的定义。如果把这句话稍微展开来讲，可以概括为：市场营销就是通过为顾客创造价值和从顾客获得价值来建立有价值的客户关系的过程。

所谓的数字化营销，是指企业利用数字信息技术管理有价值的客户关系的过程。在这个过程中，企业利用数字信息技术，以前所未有的效率从顾客处获得利益回报并建立了前所未有的稳定长期的关系，同时为顾客创造价值的过程也前所未有的高效和高质量。

（二）为什么开展营销数字化

从电力行业数字化的发展要求来看，传统配售电及新兴能源市场竞争持续加剧，消费者对于能源服务提出更高期望，需要电力企业通过全渠道数字化建设和智能互动技术应用，提升客户满意度，增强核心竞争力；从建设世界一流能源互联网企业战略要求来看，实现引领全球行业技术发展，成为提供优质产品和服务的领先企业，需要国家电网公司大力提升数字技术应用水平，以能源产品为核心，快速交付数字化产品和服务；从国家电网公司挖潜增收提质增效的经营要求来看，提升传统业务运行效率，开辟新兴业务效益来源，需要运用数字技术优化现有业务流程，加强能力协同与信息共享，增强数据价值挖掘能力，赋能企业经营决策，充分实现企业效益最大化。

在新时期战略目标指引下，营销专业秉承“以客户为中心”服务理念，高度重视数字化、网络化和智能化发展，充分应用“大云物移智链”等先进技术和手段，推进能源转型与信息技术深度融合、科技创新与产业升级相互促进，增强发展新动能，激发创新活力，通过数字化转型优化客户体验、强化业务管控、提升作业效率、支撑管理决策、赋能生态发展，助力具有中国特色国际领先的能源互联网企业营销建设。

综上，在当前数字经济迅猛发展和能源革命持续深化的时代背景下，数字化转型已成为营销专业在新时期战略指引下的主动选择和升级载体，需要统筹规划、稳步推进。

二、客户服务数字化

（一）了解客户：人的变化，从被动到主动

新零售首先是以消费者为中心和出发点的，因此人的变化在于消费者由被动改为主动，具体体现为从“受品牌商引导的被动需求和单纯的商品购买者”转变为“从自身主动需求出发而牵引品牌商进行研发生产的参与者”。之所以发生这样的转变，其本质因素是新时代下消费者需求和购物行为的变化，具体如下：

品质感与精致化：消费升级的大背景下，人们在面对越来越丰富的商品选择时，也更注重对产品品质的诉求，从而全方位提升生活品质。从品类角度来看，智能家居快速增长，如空气净化器、净水器等年均复合增长率维持在20%左右，而精致小品类如香薰、精油、烛台、酒具等也在蓬勃增长。同时，消费者对进口商品的趋之若鹜，也表明了消费者对更高层次的品质的追求。

细分化与个性化：以90～95后为代表的新一代年轻消费群体更在意时尚新潮，他们乐于尝鲜、善于分享，也更特立独行和追求自我价值的彰显，激发了细分化和个性化的需求。年轻消费群体呈现出奢侈品品牌选择小众化、追求无人机与VR穿戴设备等黑科技、美容仪瘦脸机等抗初老细分美容产品等都是代表性例证。

终极便利性：随着人们生活节奏的加快，人们更注重全购物流程的省力省时，他们期望能够精准搜索、一键下单、移动支付、配送到家；互联网的普及、移动支付的发展和物流等基础设施的完善也助力便利性需求的实现。

体验和参与：现今的消费者也不再单一地局限于对商品的功能性诉求，他们更多地关注商品所附带和传递的情感性，追求整体购物过程中的参与感和体验感，要求产品与服务合一；通过社交媒体广泛积极地与他人进行链接，不论是售前对信息的搜索和了解，还是售后的分享和评论。

（二）了解服务：货的变化，由单一有形商品向“产品+”转变

新零售下的“货”直接反映了消费者需求的变化，其最显著的变化特征为：由单一的有形、实体商品向“产品+体验”“产品+服务”“产品+社交”等结合有形与无形双

重形式的“产品+”转变。

“产品+体验”：随着消费者越来越注重购买产品的体验，越来越多零售商将体验元素作为软性卖点融入实体商品的销售中。例如，梦龙冰淇淋每年都会在各地开设临时性的DIY工坊，供顾客自由选择不同种类和口味的巧克力、配料、脆皮，体验私人口味冰淇淋的定制。而线上零售商也不甘示弱，通过极致的售后体验，成功地实现客户留存、提升客户忠诚度。又如线上坚果公司“三只松鼠”，随包裹附赠免费的开箱器、开口器、果壳袋、食品袋夹等，方便消费者食用坚果。这些举动使消费者在收货后的各个环节都能有愉快的体验。

“产品+服务”：顺应消费者追求产品和服务合一的趋势，零售商们也更注重服务水平的提升和服务范围的延展。如盒马鲜生承诺，线上下单半小时内送达，以确保产品新鲜度；线下实体店内不仅仅售卖生鲜产品，还延展出现场切分和现场煮熟服务，并将餐厅引入超市，发展为“零售+餐饮”业态，成功地增加了顾客的消费频率及停滞时间，从而增加商铺的销售额。

“产品+社交”：零售商们也更加注重将社交元素导入产品中，通过增进消费者之间的社交互动，实现提升用户黏性和增进产品在社交媒体的传播推广的双重功效。例如，星巴克咖啡通过售卖礼品卡和咖啡券，一方面作为营收的补充来源之一，另一方面通过消费者转赠礼品卡作为人们社交情感联络的中介和品牌传播推广的手段。

就零售商们所提供的有形的“货”来看，呈现出以下变化趋势：

产品选择更广泛：线上渠道成功打破了产品分销的地域界线，作为线下渠道的极大补充，使线下零售商不再局限于某一固定的地理位置。同时，借助线上渠道的虚拟性，商家可以同时展示无数个不同的SKU而不必受店铺面积限制和展位布局的困扰。即使在店内产品SKU的陈列或库存不足的情况下，消费者也能通过统一商家的线上渠道进行下单，因此SKU数量的“天花板”被打破。顺应消费者日益繁多的需求，各个商家在不断拓展产品选择的广度，以吸引更多的消费者。

品类更细分：然而，随着竞争的加剧，商家不得不在精度、细度、专业度上进行细分，以此来建立独特的优势及品牌定位。这促使了多品类的零售企业从大一统的分类方式转型为更具特色的精品店，例如京东“超级物种”通过打造主题工坊延展各体验场景来吸引爱好新鲜体验的消费群体。通过京东的鲑鱼工坊、静候花开花艺坊、生活厨房等定位清晰的细分场所和业态，成功地增加了顾客的消费频率及停滞时间，从而增加商铺的销售额。

非标准化商品：新一代消费者追求与商家的互动，喜欢参与更多的服务体验并且喜欢个性化的产品。这促使商家在传统、标准化的商品市场已经饱和的情况下开始向提供非标准化商品转型，如奥利奥3D打印饼干自动售货机可让消费者定制个性化色彩和口味，选择不同的饼干种类，以此来激发销售额的提升。

（三）数字化服务：分级支撑+服务产品化+增值平台

在数字化时代，创新型的企业还把服务定位成销售的开始：通过服务产生信任和依赖，通过信任和依赖产生持续的交互，通过持续交互了解更多的客户需求，从而产生持续的销售以及对产品和方案的迭代创新。要想实现数字化服务，建议从三个方面入手：

服务分级支撑体系：就是服务的适配，即根据不同客户、不同项目提供不同服务资源和服务标准，以便最好的资源流向最好的客户和项目，即好钢要用在刀刃上，投入产出比要最大。

服务产品化：即如何根据客户需求定制化服务产品，既能帮助客户解决痛点，也能帮助公司完成转型，从一次性的产品销售收入变成持续的服务收入。

客户服务增值平台：服务产品化的前提就是和客户有广泛互动，能准确了解客户痛点，为客户持续推出服务产品——这一点在B2B业务管理中是最弱的，因为B2B销售中一旦产品或项目交付，基本上资源也就从客户处撤离，没有一套完善机制能在公司层面全盘持续监控客户需求，以及对服务创新产品的推出和运营进行有效管理。

1.服务分级支撑体系

假如公司A从管理架构上来说是矩阵式管理：既有横向的地区分公司，也有纵向的各个行业事业部；从产品来说，既有针对大客户的咨询、软硬件结合的方案型大项目，也有针对中小客户以安装交付为主的中小项目，也有在卖场销售针对小企业和民用的产品；从销售模式上来说，有本公司主导的项目销售，也有合作伙伴主导的项目销售，还有以电商或经销商为主的产品销售。

针对具有多样化产品和方案，而且客户群又横跨大中小企业和民用客户的大型企业，建议采用分级支撑的服务体系。

2.服务产品化

针对某个公司和某个产品的服务产品化，因为它们是非常个性化的东西，所以只能具体问题具体分析。但是如何规划服务产品化的方法，以下基本维度可供参考。

（1）解决方案业务。解决方案业务就是对客户的需求全面覆盖，客户使用企业的产品越多越深，对企业的忠诚度越高，脱离企业的成本也越高。例如，在卖了一套B2B销售系统给客户之后，可以继续销售移动解决方案、BI解决方案、服务解决方案、ERP解决方案、IPD解决方案等。

（2）服务业务。服务业务是基于软硬件和解决方案之上的，通过企业的经验、能力和品牌等给客户创造价值的业务。这类服务可以从以下四个角度入手：

1）捕捉新商机的服务。这类服务主要是创造和客户多接触的机会，了解客户需求以捕捉新的商机。比如：对已有项目的诊断、每年定期对大客户回访或开头脑风暴会来了解客户需求、定期带客户参观成功案例等。

2）孵化新商机的服务。这类服务需要主动帮助客户规划，从而引导客户需求，孵化新的商机。比如：通过客户经理或行业专家给客户定期指导，启动或参与咨询项目帮客户进行长期、中期和短期规划。

3）给客户创造业务价值的服务。这类服务需要协助客户定义价值产出指标，并通过运营满足需要达到的业务价值。这类业务有时候会采用对赌的方式，根据业务价值产出分成。比如：系统上线后代运营服务，不仅仅运营系统，而且对业务进行指导和监控；针对售后服务，以投诉率为标准进行对赌；针对备件需求预测，以需求命中率和库存周转天数为标准进行对赌。

4）帮助客户进入新盈利空间的服务：这类业务需要利用自身的资源帮客户进入新的盈利空间。比如：有全球云资源和品牌的企业可以和头部快消零售商达成全球战略伙伴，在全球范围内共同推广新零售方案等。

（3）平台业务。平台业务是指企业构建一个平台，在平台上提供各种工具和方案，企业制定平台规则，招募各类合作伙伴，合作伙伴在平台上开发、运营和获利。比如：微软的Saas、Pass和Iaas三合一平台，海尔的COSMOPlat工业互联网平台等。

（4）数据业务。在数字化时代，随着企业的数据质量和数量的几何性爆发增长，数据业务也处在一个新的风口上。企业不能只考虑产品和方案如何销售，也要考虑自己积累的海量数据如何应用。企业可以做横向的同类型客户的数据服务，也可以做纵向的上下游企业的数据服务，也可以引入做生态服务。

3.客户服务增值平台

平台业务和数据业务针对很多企业来说难度很大，但赢单后企业如何能从已有客户中获得持续的收入，这一点就非常现实了。要想实现这样的转变，就得将交付项目和产品转变成运营项目和产品，建立项目上线后的客户服务增值平台。

要实现服务是销售的开始，B2B服务必须做三个方面的转型：构建服务分级支撑体系、实现服务产品化、建立客户服务增值平台。

三、平台运营数字化

（一）运营机制

市场洞察。通过分析客户行为数据，洞察市场需求，构建潜力用户评估模型，实现基于客户标签的精准营销。一方面要定期开展客户需求、市场发展调研，及时掌握市场和客户最新动态，持续优化业务运营；另一方面要推进销售、客户信息采集和监测分析，支撑前端展示、客户挖掘、需求诊断和产品迭代等场景应用。

数据赋能产品服务设计。采集客户及市场需求数据，从客户分群、利润指标等多维度分析并决定产品设计方向，开展基于客户分群的个性化产品服务设计。

推进运营保障体系建设。组织宣贯业务推广手册，明确各方职责分工，统一服务标准和运营管理规范。加强一线人员业务技能培训，健全正向激励机制，确保激励及时兑现，最大化赋能电管家。通过95598电话和在线客服作为统一服务入口受理客户咨询、投诉和建议，开展客户回访和满意度调查。

加快“e享家”品牌宣传推广。推进品牌场景化应用，统一销售、展示、广告、体验、到货等全流程服务触点的品牌规范化应用，实现营业厅、大卖场等场所挂牌运营，提升品牌感知度。探索推出合作合资品牌，推出符合绿色、节能、智慧品牌定位的产品，增强品牌特色。常态化开展线上线下相结合的营销活动，强化社交营销模式，扩大品牌知名度。

（二）运营平台

综合应用“大云物移智链”等数字化技术，以业务融合数据、数据赋能业务为抓手，优化全渠道客户服务体验，强化核心业务能力，加速产品与服务创新，提升智能化运营水平，全力打造能源企业世界一流的数字服务能力。

数字化运营运维平台建设。组建由业务专家、数据专家、业务专家构成的专业运营运维团队，构建数据开发处理流程规范、数据质量闭环管理规范、源端模型变更规范、数据服务全生命周期规范，为营销专业提供辅助决策与任务管控支撑。

新技术应用。应用大数据、人工智能、区块链、云存储、5G技术、大数据分析挖掘、物联应用、设备孪生等技术，帮助工作人员更精准、更聚焦地开展业务，提升工作效率。

通过人工智能技术的研究，对典型图像识别、语音识别、自然语言处理等技术进行深入分析，进行AI算法环境的软硬件要求、模型训练、算力管理、AI仓储等的梳理；通过设备孪生技术的研究，全息感知物理设备的状态变化，实时同步业务数据，控制物理设备；通过物联技术的应用，实现接入、汇聚、需求传导等物联服务，为各类场景和应用赋能。

双中台。建设业务中台，沉淀业务和数据，通过数据中台挖掘数据价值并辅助业务中台实现服务的优化治理。业务中台注重业务能力的整合和高效处理，数据中台注重多视角数据汇聚及数据价值的挖掘，分别采用不同的技术路线处理和存储数据，通过服务化的方式共同支撑前端业务应用的快速构建和迭代创新。业务中台让业务交易同口径，让前台系统更标准、更规范，迭代速度更快，解决效率和产生数据不一致的问题，让前台系统更敏捷；数据中台让前台业务系统更智慧。数据中台提供跨域数据的分析和洞察，训练产生的数据服务，为前台系统提供实时决策的数据支撑。

（三）营销监控

营销管理数字看板。根据公司各级单位、各业务岗位的管理分析需求，建设相应岗位可视化、自助化的管理看板，方便各级管理者通过数据洞察业务规律，监控业务流程，辅助管理决策。

业务质量在线稽查。开展营销业务质量稽查管控数字化建设，预防质量问题及事故的发生，聚焦质量问题产生的关键工作环节和人员，全面提高业务质量水平。

管理决策智能分析。规划营销数字化运营全景展示视图，运用数字化支撑工具，综合展示营销数字化转型的综合成效，实现对营销服务、营销作业及管理的全景在线展示、监控、指导及调配等。

客户多维数据融合风险防控。基于客户内外部多维数据融合，开展客户多维风险分析，聚焦营销业务中的电费回收及用能安全服务风险，开展风险预警与防控研究，提高风险防控水平，降低企业经营风险。

四、运营数字化实践案例

（一）能源行业

1.发电企业：强化大数据诊断，打造安全智慧电厂

华能集团将人工智能等技术引入工业，构建工业物联网与生产实时大数据分析系

统，以工业大数据加人工智能的算法计算工业设备的模型，判断水电厂设备的健康状态，并投入水、火、风发电领域。四川嘉陵江水电公司建立基于KKM算法平台的智能应用模型，实现了对水电机组的状态监测和故障预测。

华电集团基于大数据挖掘的风电机组故障诊断算法，结合华电集团新能源远程诊断平台，将大数据分析、挖掘技术应用于风电行业故障诊断。

大唐集团围绕电厂环保设施进行大数据产业布局，基于大数据分析技术，建成大型发电集团环保大数据平台，开展大型发电集团环保设施集中管控、设备劣化诊断及寿命管理、系统优化运行，应用于机组的环保设施监控。

国家能源集团基于价值创造的发电大数据平台，针对发电生产、经营管理和用能服务的海量数据，提供采集、存储、计算、分析、安全管理、资源监控、应用服务等功能，实现装置的节能降耗运行和设备的预知性维护。

2.油气企业：推进数据产业融合，促进业务转型

中石油在大数据与产业结合的模式上，实施基于大数据应用的油气勘探开发创新增效示范工程，探索大数据与人工智能技术在石油勘探开发领域的规模化应用，并构建了责任明确、分工合理的大数据与产业结合的流程标准、接口方式、项目和团队管理体系，形成大数据云平台，用于炼化企业的排产、原油采购计划，长输管道中的完整性管理、管网优化等专业领域。

中石化聚焦炼化企业生产运行、工艺分析、设备健康等方面，基于大数据分析平台，实现在经营管理分析、市场销售预测、价格趋势预测、行业竞争力分析、生产线故障诊断与预测、工艺流程参数优化、节能减排分析与趋势预测、生产安全与环境安全分析、污染源监测与趋势分析以及基于用户画像的精准营销等不同业务方面的应用，为不同专业领域的业务创新提供支持。

3.法国燃气集团（ENGIE）：简化组织管理体系，驱动新型业务孵化

ENGIE从数字化战略和愿景规划出发，精简组织架构，从24个事业部、19个区域总部和5个全球总部转型为涵盖5条业务线的网格化架构。通过数字化创新流程及中心辐射型运营平台，构建以客户为导向的服务体系，强化内外部创新业务孵化，驱动全球范围内的数字化平台，推进公司向低碳能源业务、低风险运营、整合化客户解决方案制定等业务转变。通过识别内、外部人才及专家，在组织内部创建开放的生态系统，实现跨业务单元和地域的解决方案设计。

（二）金融保险：重塑团队和工具，推动数字化转型

随着互联网金融的兴起，传统金融企业与互联网企业竞合加剧，越来越多的传统银行通过整合大数据资源，加强数据挖掘，提升数据分析效率，助力业务数字化转型、创新和发展，提高精细化营销、管理和决策水平。

广发银行基于大数据挖掘，分析在客户维护、营销推广、风险管理等领域的价值和应用。针对各业务部门业务发展需求差异、不同数据挖掘分析系统重复建设等问题，建设全行统一数据挖掘分析平台，利用SAS网格技术的资源集中管理、负载均衡、架构灵活和高可用性等特点，规范管理数据分析，实现了全行数据分析资源的集中优化管理、数据的有效治理及共享，提高数据分析处理效率，合理控制了全行数据分析挖掘工具及系统资源的重复投入，满足全行各业务条线的数据分析需求。

美国利宝保险公司（Liberty Mutual）坚定“快乐的员工为客户带来快乐”的理念，构建以客户为中心的转型团队和工具，聘请跨职能团队，转变客户流程，专注于报价、装订、计费、付款、理赔处理等工作，着眼客户服务每个环节。并借助语音控制的聊天机器人，与亚马逊的Alexa配对使用，方便用户语音输入，浏览保险流程，推动数字化转型，提升用户体验。

西班牙对外银行（BBVA）大力推动以客户体验为中心的数字化能力，其近4000万客户中有一半以上通过数字化方式与其互动，而近一半的用户使用移动渠道。BBVA利用生物特征验证注册客户，借助Bconomy应用程序，监控用户支出计划、收入和储蓄，通过创建自动化银行账户，提供个性化客户财务建议。

（三）邮政行业：社交媒体商业化，助力数字化转型

邮政以企业全面迈入社会化商业为目标，从社群经济开始，建立微信、微博、专属社群，逐步推进社交媒体商业化，推动实现数字化转型。以山东邮政为例，一是社交媒体运营推广，打造社群经济。通过打造“鲁小邮”地域特色的数字化品牌形象，并通过年味儿、生肖猴票、集邮生肖文化季三大主题文化，加强推广宣传，建设粉丝社群。二是社交媒体商业化推动，融合线上线下商业模式。通过线上线下多种手段将用户群体全部聚集到线上，同时各专业服务、产品通过数字化技术实现了线上打通，以生态社群为基石、线上便利服务为保证，形成融服务、营销、社群及绩效于一体的数字化商业新模式。三是深化社交媒体商业化运营，实现跨界运营高效模式。基于社群平台，全方位打

通内部各部门之间，外部品牌与客户、客户与客户、品牌与品牌之间的壁垒，实现产品研发、生产、销售、服务一条龙的垂直价值链，推动了山东邮政数字化时代商业模式的优化升级。

（四）通信行业：基于客户标签，服务智慧城市建设

中国移动针对数字化转型，充实完善数据库，涵盖客户关系型数据（客户资料、交往圈、终端数据等）、上网内容数据（App使用情况、手机访问网站等）、位置类数据（工作地、居住地、区域人口迁移等）。基于客户关系、上网内容、位置三大数据源进行融合分析挖掘，形成客户标签，涵盖客户电信类属性和娱乐、金融、位置等社会生活属性。完善大数据运营体系和业务场景，通过搭建大数据平台，建立大数据团队，构建大数据运营体系架构，面向大众客户提供丰富多彩的民生服务，面向行业客户提供量身定制的信息化解决方案，实现在城市规划及交通、旅游、政府部门、公安、金融等行业的应用。

（五）电网企业

1.南方电网：数字南网助力产业布局优化

以打造“数字南网、智慧南网”为目标、以推动企业创新发展为核心，坚定业务应用移动化、运营监控可视化、数据资产价值化、IT架构云化、安全防御体系化发展思路，积极应用“云大物移智”等数字化技术，探索构建广东省制造业大数据指数。通过海量数据和大数据手段，对广东省制造业开展监测和预警，实现对广东省全部制造业运行情况的扫描透视，预警监测具体到一个地市甚至一个企业，为政府科学决策提供支撑。

2.香港中华电力：分阶部署推动能源业务转型

香港中华电力公司将数字化转型细化为准备、启动和发展三个阶段。准备阶段，建设以客户为中心的文化、基础能力和组织机构，开发客户互动平台，开展游戏化运行，迎合客户需求，提升客户满意度；启动阶段，以健全数字化客户渠道、简化传统运营流程为重点，建立客户标签，加强多类型客户协同，提升运营效率；发展阶段，通过开发新业务，逐步推进标准化业务发展、敏捷平台开发、客户管控体系设计及生态圈构建，扩展智能电能表应用，强化售电与电网管理的数据分析，提升数字配电运营平台运营效率，持续优化数字化管理能力。

3.爱迪生电力：生态合作驱动能源运作

ConEd（爱迪生电力公司）基于大数据生态合作伙伴，强化需求侧管理，构建大数据生态圈，拓展数据业务应用场景，驱动电网可靠性提升。

储能+可再生能源+客户：通过制定能源需求侧管理方案，与面向小商业客户和居民客户的能源初创企业开展合作，ConEd以技术升级为承诺，助力实现小型商业客户和居民客户的储能和需求优化。

价格灵活性：采用需求响应拍卖形式，替代成本分析定价方式，获得了许可延迟费率并直接参与了百万瓦特级的拍卖，促使ConEd成本效益显著。

需求侧优化：通过与小型商业、住宿区管理委员会以及其他居民客户的多项合作（如安装冰箱电池等），减轻负荷压力。与AxiomExergy等公司在开发冰箱电池系统上达成了合作，具体方案是在冰箱上安装1.5～2MW的储能系统，可帮助转移6～8MWh的负载，从而达到减轻负荷压力的效果。

第五节　业务创新力

一、业务创新关键要素

（一）把握市场趋势

跟踪研究政策及市场信息，加强政策及市场研究，支撑产品服务研发和营销能力提升。建立常态化市场与客户需求洞察机制，利用业务数据、客户数据及技术资产，确保业务具备“数字化内核”；以数据为基础，以洞察为依据，不断强化市场与客户需求分析能力。以宏观政策及市场研究、具象市场与客户需求洞察为基础，盘点新兴业务布局规划，优化总体业务和竞争战略，实现资源配置精益化、价值创造最大化。

（二）推动数字用电

健全市场化售电在线服务，拓展市场化售电线上服务，完善售电公司注册、市场准入准出管理、电力负荷数据共享及分析发布、市场化交易支撑等功能；拓展电力市场现货交易服务，加强市场化售电政策研究。推进充电设施建设，优化充电网络布局，加强与充电桩运营商、电动汽车制造商等各伙伴的合作，积极培育充电服务新生态。打造灵活多元需求侧服务，创新电力运行调节手段，部署有序用电和需求响应业务统计报送功能；加强信息引导服务和事中事后监管，强化经济运行监测分析，形成完备的需求侧服务业务体系，构建与电网建设、服务相互共生的全周期数据应用产业链。

（三）布局智慧用能

围绕源网荷储协同互动，开展精准负荷控制、现货交易、需求响应、有序用电、用能优化等各类可调负荷参与机制研究和试点验证，推广客户侧源网荷储协同服务；并结合公共建筑、工业企业等重点客户的能源服务需求，聚焦综合能效、多能供应、清洁能源、新兴用能等重点领域，实现提供一体化能源服务。构建能源服务市场及客户洞察机制，以多维度数据分析为基础持续优化能源服务组合及策略。加快省级智慧能源服务平台建设和深化应用，丰富应用和交易撮合市场，基于运营沉淀培育创新商业模式，优化平台功能。

（四）构筑多元生态

推进生态合作引流赋能，建立前端引流策略，实现客户引流、精准营销、产品推荐等功能；完善基于客户需求和使用数据分析的品控评价机制。研究开展能源数据产品化设计，逐步建立多主题、多类型数据产品体系，拓展电力信用、电力经济、电力民生、社区服务、行业赋能等典型增值服务，提升数据价值，逐步实现数据产品、数据增值服务盈利，最大化释放数据价值，推动数字产业化发展。在持续做大做强基础供电业务、综合能源服务的基础上，多角度拓展非能源业态增值服务，为客户提供更多价值。制定生态圈共建共享和协同治理规则，为生态圈合作伙伴提供非能源业态增值服务，支撑产业链上下游企业发展，促进能源生态圈新业态、新模式发展。

二、业务创新实践

以国家电网公司客户服务业务中台构建为例，介绍客户服务中台为电力企业新零售业务带来的价值。

（一）业扩办理线上化

结合国网“阳光业扩”的服务要求，构建全程线上化、共享化、数字化的业扩办电服务新模式。汇集互联网公司及公安、房产等政府机构的数据，完成业扩数字化改造；进一步深化渠道融合，将原线下流转的业务线上化，实现内外部业务集成；开展线上监测，加强营销系统业务流程各环节实时管控。对内实现办电服务各环节实时监控、对外实现客户办电全过程公开透明，提升服务感知，优化营商环境。

（二）电费核算智能化

建立电费核算规则库，降低人工核算量，推动电费核算工作的数字化和智能化。构建电费核算包，以客户需求为导向，利用用电信息采集系统实时召测的能力，提供电量电费即时核算、预约核算等服务；研究及应用可编排的组件化计费引擎，支持更加多变的价格体系，实现新型业务的敏捷响应；建立电费风险分析模型，指导电费风险防控工作，防范经营风险。

（三）计量作业精细化

开展计量现场作业数字化信息采录建设，基于物联网技术实现计量现场作业在线监测记录；开展计量现场安全作业在线监测分析，通过图像识别技术针对在线监测记录开展安全行为实时动态智能分析，提升现场作业的安全性和规范性；开展计量安全作业行为智能分析，智能识别计量安全作业问题，提升计量作业行为数字化管理能力，提高计量安全作业效率。

（四）线损计算精确化

开展低压台区线损智能化分析建设，结合同期线损平台，在线损异常分析过程中引入机器学习技术和聚类算法，推动消缺闭环、数据分析以及状态监测的全过程管控，从而降低台区线损率，提高配电效率和电网经济效益。

（五）网格化服务提升

融合全渠道客户信息，建立以客户为中心的多维度服务视图，助力网格经理洞察客户需求，支撑精准服务开展；实现全类型工单处理，打通营销、生产系统边界，实现低压网格化前端综合服务；优化网格经理移动作业终端，建立统一消息中心，实现对网格内客户消息的一次发送，全渠道推送功能，提升网格化综合服务能力。

（六）台区数据应用

开展台区及设备画像建设，辅助台区经理合理化开展日常巡检及故障抢修等工作，提升巡检工作效率；开展台区运行数据分析等典型应用，挖掘台区现有数据价值，提高台区数据利用水平，控制台区设备故障率，提升供电质量，优化客户体验，降低客户投诉率。

（七）客户经理作业管理

实现可视化时段排定，开展客户经理工作时段和工作轨迹的可视化管理，简化工单调度和服务对接流程；研发“一键直拨”功能，实现客户直拨客户经理功能，提升客户对接效率；实现在线交互功能，研发“网上国网”客户经理版、移动作业终端客户经理在线交互功能，满足客户实时沟通需求，提升客户服务体验。

第六节　数据驱动力

一、数据价值

互联网流量红利的消退倒逼互联网公司告别野蛮扩张而迎来精益运营时代，通过数据驱动挖掘更深层次的客户价值成了互联网人的一致共识，数据驱动力在精益运营时代的重要性日益突显。数据驱动力是指通过数据体系，系统化地获取及分析数据，并为业务决策提供有效支撑，不断驱动业务发展的思维和能力。可以从以下三个层面来提升数据驱动力。

1. 认识数据驱动结构

（1）数据价值演进金字塔。按照人类认知逻辑，数据的价值演进呈现出倒金字塔结构。如图4-15所示，塔基到塔尖由低到高依次为数据、信息、知识、智慧，塔的四周

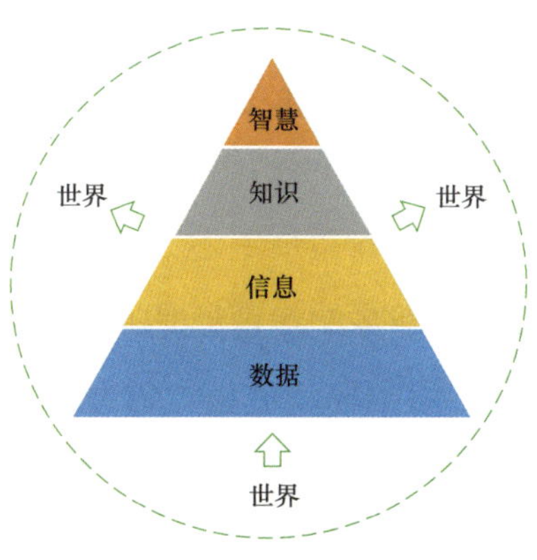

图4-15　数据价值演进金字塔

则是客观的外部世界。如果将数据价值演进的过程，看做是一个矿物冶炼过程，数据就像是人类从外部世界发掘出的初级“矿石”，是对客观世界的最原始记录，比如未被加工和解释的文本、数字、声音或图像等。

（2）数据驱动系统金字塔。为了描述数据驱动系统的内部结构，这里借助了传承于《道德经》的“道法术器势”理论。如图4–16所示，数据驱动体系由高到低依次可以划分为道、法、术、器几个层级。

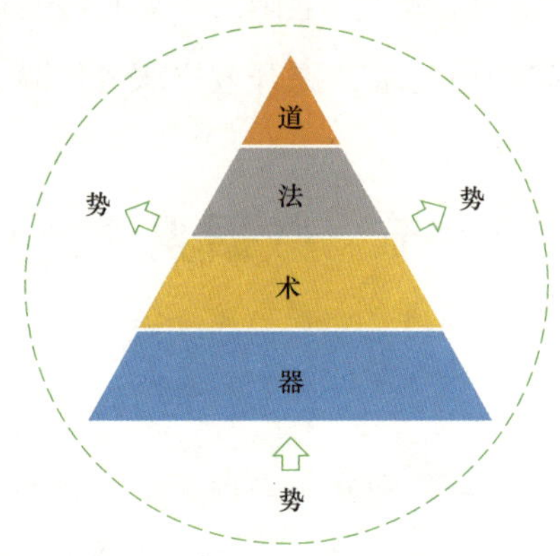

图4–16　数据驱动系统金字塔

道，指数据驱动需遵循的规律、理念和价值观。法，指围绕数据驱动人为制订的制度和规范。术，指数据驱动的技术和技巧和方法。器，指数据驱动中所使用的工具或手段。势，指所处的时空及趋势，即互联网行业所处的大环境。

“器”服务于“术”，“术”符合于“法”，“法”根基于“道”，“道法术器”整个体系又在“势”的裹挟下不断演进并驱动“势”的前进和变化。

想打造自己的数据驱动力，首先要认同数据驱动的内在价值，形成数据驱动业务的内在价值观；在“明道合法”的基础上，再去不断提升数据挖掘、数据分析等技术层面的技巧和方法，不断提升Excel、SQL、Python等数据工具的使用能力，这样的数据驱动力才会更加有底气。

2.构建数据驱动闭环

（1）打通数据驱动流程闭环。业务实践是数据驱动的出发点，也是数据驱动的落脚点。如图4–17所示，一个完整的数据驱动流程大致可划分为数据需求、采集处理、挖掘分析、数据决策、数据驱动5个环节。数据需求是根据业务碰到的实际问题抽象而来，它为数据采集指明了方向。数据采集处理，即采集到数据并进行清洗、转换、整理和存储。数据挖掘分析，包括数据挖掘、数据分析两个环节：数据挖掘主要是计算机通过统计学、人工智能、机器学习等方法挖掘出有价值的信息；数据分析则是通过适当的统计分析方法及工具，对采集整理的数据进行剖析，提取出有价值的信息，并得出结论。

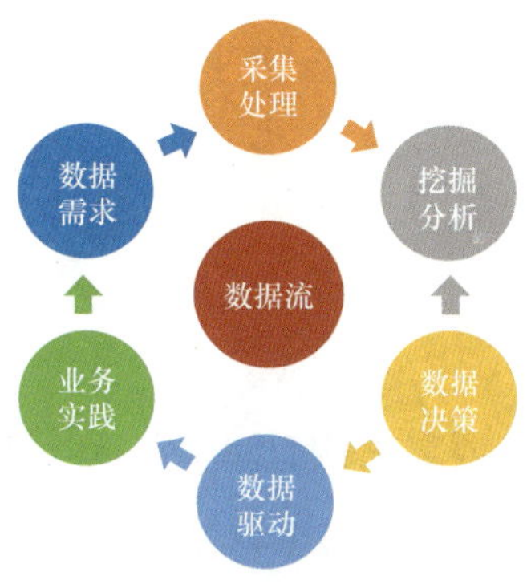

图4-17　数据驱动流程闭环

（2）建立数据驱动体系闭环。随着数据专业技术的发展和数据工作的日益精细化，业务的数据驱动早已不是一个人独立就能完成的工作，而更需要依靠一个机制化的配合体系，相关部门之间形成数据驱动的业务闭环。如图4–18所示，管理层和业务团队、数据团队是数据驱动体系里的最主要的两个业务角色。管理层和业务团队首先需基于商业模式和企业愿景制订OKR（objectives and key results，目标与关键结果法）目标，从而指引业务链条上的相关团队沿着一致的方向开展工作，然后再结合业务实践中碰到的问题，形成具体的数据需求下发至数据团队。

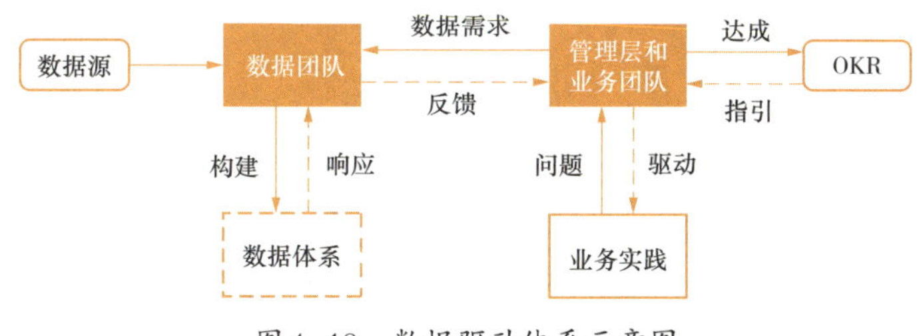

图4-18　数据驱动体系示意图

3.把握数据驱动节奏

数据驱动是一个动态的过程，业务实践中需要根据实际情况，灵活把握数据驱动的节奏和侧重点。

在事前阶段，主要侧重分析和评估项目的可行性，分析市场潜力和投资回报

（ROI），基于充分的数据分析形成项目规划，并明确所要达到的目标及对应的项目指标体系。在事中阶段，一方面要对项目数据进行全面实时的监控，确保项目的正常运行，建立异常告警机制；另一方面要及时对已经产生的数据进行挖掘分析，推动项目优化迭代。在事后阶段，主要是对项目进行复盘，及时将转化数据同步给项目干系人，同时为后续项目积累可贵的经验。

二、数字化建设途径

（一）数字化理念植入

深化数字化转型认知，通过数字化转型理念宣贯、转型案例学习、国际能源企业数字化转型对标等行动，统一营销数字化转型认知，洞悉数字化转型愿景、目标和转型意义。加强数字化转型意识，通过考试、竞赛等方式使员工进一步认同数字化转型理念，形成数据思维，培育数据文化。打造学习型组织，提高团队学习能力，制定营销数字化人才培养计划，构建数字化理念培训机制。

（二）数字化人才储备

分层级、分专业建立人才梯队，建立人才引进激励和晋升机制，并建立复合型人才培养机制。可通过跨部门交流学习、外部培训等方式，使员工在精通所在部门业务知识的同时，兼顾其他业务领域及技术领域相关技能，提高业务人员及管理者的数据能力，加大考核力度，提升全员数字化素养，积极营造鼓励数字化创新的氛围。

（三）数字化运营管理

建立适应数字化转型发展的柔性敏捷组织管理模式，消减数字化转型行动壁垒，赋予前端足够的自主权，“让听得见炮火声的人做及时的决策”，提升中层管理者的积极性和企业整体效率。建立数字化转型专项管理组织，强化数字化转型行动领导力与管控机制，以客户价值为导向、客户满意为目标，完善内部市场化规则，加强竞争和合作，监控数字化转型进程，推动各项行动加速开展。

（四）数字化价值管控

搭建数字化行动成效评价框架，指导和推动各单位完成营销数字化转型，不断迭代完善建设评估制度，客观开展评价工作，及时发现各应用单位的建设差距，分阶段开展对标评比，并跟踪落实整改措施，实现营销数字化转型闭环管理。

三、数据渠道保障机制

（一）数字化组织保障

营销数字化转型需要强有力的组织来支撑，建立营销数字化转型研究机构，加强规划标准研究、技术设计咨询。要同步推进营销数据管理机制改革，构建上下衔接、统筹有力的组织体系和协调机制。成立数字化业务单元，通过将数字化转型嵌入不同业务部门，加速推进组织数字化转型，推进产品服务及商业模式的创新。制定营销数字化人才培养计划，建立人才引进激励机制，加大数字化技能培训与考核，提升全员的数字化素养。

（二）数字化制度保障

开展营销数字化转型升级战略规划研究，对本单位数字化业务进行顶层设计。制定数字化转型运营管理规范，建立营销数字化业务的组织结构、内部激励与约束相结合的运营管理制度体系。开展数字化转型的业务标准、治理标准和技术标准等标准体系建设，推进数字化转型人才培养制度建设，包括高端创新人才选拔聘用制度、数字化人才职称评定聘用管理办法、数字化营销业务评优奖励办法等。建立营销数字化转型的风险防控机制，包括重大项目立项、外部合作、技术引进、产品研发、数据传输等风险防范机制，还应完善数字化营销业务的监督考核与激励机制。

（三）数字化评价保障

在广泛借鉴先进行业、业界成熟的企业数字化转型的实效评价体系，充分结合电力营销数字化转型框架及各项落地业务的基础上，研究构建一套科学的数字化转型评价机制；依据营销数字化转型框架，结合标杆省市公司及直属单位数字化现状调研结果，制定科学的营销数字化转型评价标准，构建多维指标评价模型，形成数字化转型评价标准规范；对评价结果进行分析、研究，反哺数字化转型评价标准制定，完善数字化转型评价标准，优化数字化转型评价模型。

（四）数字化人才保障

加强人才培养和人才队伍建设，是实现营销数字化转型的战略性任务。可通过倾斜招聘、建库培养、本单位科技部门输出等方式，打造能创新引领营销数字化转型的复合型人才；通过校企合作的模式创新人才引进机制；通过完善教育培训体系、创新人才培育模式、拓展人才成长空间，不断创新人才培养机制；通过建立以能力和业绩为导向的薪酬体系、推进收入分配制度改革、营造有利于人才发展的良好环境，为全面实现营销数字化转型提供坚强的人才队伍和智力支撑。

四、业务场景分析

通过分析区域总体情况、重点区域、地区销售情况异动，构建与之相适应的业务或产品。

（一）分类研判电量趋势，推动产业结构升级

通过电力物联网建设，强化产业、行业用电数据监测分析，有助于洞察区域经济发展形式，诊断产业布局优劣，辅助政府优化产业结构，强化重点产业、行业扶持，推进产业结构优化升级，提升经济发展质量。

1.洞察区域电量态势，释放经济发展潜能

区域经济发展态势是政府关注的重点方向，做好区域经济分析工作，能够协助政府推动改革创新，释放经济发展潜能，巩固产业发展根基。

基于分类电量数据及地理位置信息，形成各类别用电量密度地图，对区域按密度用不同颜色填充，比如，可利用居民电量直观反映某区域范围人口分布状况，用工业电量反映企业运行情况，形成区域经济透视镜，协助商业机构进行投资分析、产业布局，释放经济潜能。

2.诊断电量分布特点，推进产业布局优化

产业布局直接影响经济发展，合理的产业布局能拉动周边产业，促进经济增长，但目前政府掌握产业情况多依赖于各产业单位上报情况，缺乏行之有效的智能化、信息化分析手段。

基于电力负荷、用电增长情况、用户档案信息、电网结构等数据，评估产业发展态势及产业结构合理性，利用大数据技术构建业态模型，透视产业规划布局薄弱

点，为政府经济管理和规划部门优化产业结构、制定新旧动能调整、产业规划等提供依据。

3.强化行业动能分析，研判未来发展趋势

在经济转型升级时期，行业动能指数以更加直观有效的方式呈现产业形态及经济增长动力的变化，为社会经济的真实情况提供了一个新视角。

基于行业用电数据、产量数据、销量数据等内外部相关数据，利用交叉相关、聚类等分析方法，构建行业动能分析模型，分析典型行业上下游发展情况和趋势，并对行业用电量增长趋势以及上下游发展状况进行研判，为相关行业协会及发改委提供行业发展规划参考。

4.监测行业复工状况，展现行业运行状态

行业复工率作为反映重大节假日后行业恢复生产和建设情况的指标，可以直接反映行业的生产饱和程度，订单饱和、发展迅速的行业节后复工周期短、复工率高，而订单缺乏、发展停滞甚至倒退的行业节后复工周期长、复工率低。

电力数据覆盖区域大、涵盖国民经济行业广，能准确、快速地反映企业生产状况。基于假期前后的企业用电量数据，可评估各行业节假日的停、复工率情况，辅助经信委等经济管理部门准确、及时掌握行业运行状态及企业停、复工情况，制定配套政策、提供相应服务。

（二）多维开展电量监测，服务政府监管监测

1.强化能源监测监管，推进能源结构转型

依托电力物联网，建设能源监测监管平台，实现能源总体监测，通过实时监控煤、油、气、电、新能源等各类能源的产销结构、实时价格变动情况，以及各类能源在各月的生产、销售和价格发展趋势，为政府监管提供更加全面、直观的数据支撑。实时监测电力装机和发电结构，以及各月的发电量与设备平均利用小时数、全省用电量以及工业用电量占比，并以热力图的方式展现全省各地市用电量与人均用电量/度电经济产值的分布情况，从用电总量与质量方面监测各地市电能消费水平。通过对全省新能源出力、场站、装机、外送入豫通道情况进行监测，实现新能源分布可视化，掌握全省清洁能源消纳情况，辅助政府开展新能源规划。

2.监测环保企业状态，推进环保治理成效

通过环保装置和环保行业的用电量来监测环保装置和环保企业投运情况；研究企业

特别是高耗能、高污染行业、环境治理行业的用电量与环境污染的关联度模型，通过电量反应环保治理情况，为政府环保实时监测提供支撑。

3.监测民生重点指标，提升居民生活质量

针对电网在新老城区、城乡差异等问题，强化供电质量和营销服务对标，定位薄弱环节，为电网结构优化和供电能力改善提供依据，强化对城市经济发展和建设提质的支撑，满足人们美好生活对电能的需要。通过城农网居民户数、用电量等数据监测，实时测算各区域居民电力城镇化指数，反映区域城镇化水平，辅助政府开展重点区域发展和投资，提升落后地区居民生活质量。基于大数据技术对居民用电、收入、其他消费等内外部数据进行分析，从年度、冬、夏用电高峰等维度量化居民消费增长情况，为政府民政、统计部门制定民生政策、发布民生信息提供参考。利用非介入式负荷识别技术以及大数据分析技术，分析居民能耗及区域能耗情况，动态对比家电能效水平，辅助制定用能策略以及家电设备换代更新策略。

（三）辅助投资规划决策，提升政府投资效益

1.聚焦规模以上企业效益，辅助政府投资决策

规模以上企业作为政府关注的主要对象，政府投资支持力度相对较大，但政府投资后，对投资效果缺乏有效的监测手段。通过对这类企业获得投资前后综合用电量、当月用电增速、累计用电增速等数据进行监测，分析政府投资是否真正投入到实业生产中去，进而为政府提供投资效益辅助监测。

2.研究电力服务热点，服务智慧城市建设

随着我国城市化水平提高，智能电网作为智慧城市建设最主要的环节，发挥着越来越重要的作用。建设智能电网为城市提供更安全、更高效、更环保的能源保障，提供更畅通、更便捷、更互动的公共信息服务，研究电力大数据在家庭能源消费、金融服务、增值服务、电力预测、咨询等方面的作用，发挥智能电网在智慧城市中的重要作用。

3.研究政企共享模式，推动实现互利共赢

以电力客户生态圈为载体，依托庞大的电力基础设施资源，以创新、协调、绿色、开放、共享发展理念探索构建电力基础设施资源对外共享服务的新模式。通过利用诸如电力系统产生数据、电费缴纳信息、各电压等级变电站站址资源、电力线路杆塔资源、电力管线资源、电力设施等向政府、企业、个人客户提供资源共享服务。通过共享合作模式，可以促进电网企业资产的高效利用，提高经济效益，实现国有资产的保值与功能放大。

（四）完善电动汽车服务，支撑电动汽车推广

1. 服务客户便捷充电，打消客户购车疑虑

对电动汽车充电设施数据和电池状态数据进行实时监测，根据车辆状态和剩余电量信息，将电量预警信息和充电提示推送给电动汽车客户App移动端，并快速匹配充电设施，提供预约充电服务，为客户提供便捷找桩和充电服务。

2. 运用新零售理念，引领实现绿色出行

利用线上大数据，链接车企、金融机构、电商平台等网上数据资源，开展客户行为分析和市场趋势分析，精准匹配客户需求车型和配套产品服务，根据电动汽车客户分布聚集效应，利用周围营业厅及服务人员，辅助开展电动汽车营销推广服务，为客户精准推送广告。

3. 强化储能智能分析，提升客户用车体验

随着电动汽车行业的不断发展，电动汽车电池储能研究将有效填补用户侧分布式储能的空白。通过在动力电池箱安装物联网电子标签，标示该组电池的物理及电气特性，实现充换电服务网络中动力电池实时在线监测、全生命周期管理等应用。电动汽车智能管理系统通过“三网”（智能电网、物联网、交通网）技术融合，结合电动汽车电池每天的数据信息，利用大数据技术对电池的储能能力、客户充放电习惯等信息进行大数据分析与预测，提供可供客户选择的电动汽车充放电套餐，发挥电动车电池分布式储能的作用。

第七节　渠道聚合力

一、渠道聚合与数字化关系

全渠道是通路、是线条，不同渠道有时平行、有时交叉，打通交叉点、实现业务整合要靠数字化。全渠道是前台、是表象，内在的衔接远比表面的渠道形式复杂，体现在业务逻辑、技术接口、数据融合等方面，需要通过数字化完成这些任务。建立渠道要靠强大的技术后台，以及业务中台和数据中台实现融会贯通。

（一）如何理解全渠道消费

全渠道消费指客户完成认知—兴趣—购买—忠诚的购物旅程，融合了移动、PC、

门店等全渠道的互动和服务体验。同时，全渠道强调数字和实体渠道的无缝融合，为客户提供延续一致性的服务体验，实现和客户全时段、多场景的互动。

（二）基于全渠道助力品牌数字化转型

品牌商积极拥抱全渠道的价值，体现在促进销售额增长、会员数量增长、单客价值提升等方面。在销售额增长上，品牌商通过小程序、直播等方式拓展流量变现渠道。在会员数量增长上，通过多样的互动方式全渠道触达消费者，扩大会员规模。在整合全渠道客户资产基础上，以个性化的营销促成客户复购，提升单客价值。

对于品牌商来说，搭建线上销售渠道仅是全渠道第一步。品牌商通过与客户在全渠道购物旅程中保持互动，还将大幅提升客户购买率和忠诚度，实现业绩增长第二曲线。以良品铺子为例，2015年开始企业整合管理线上线下渠道，当年销售额实现100%增长。良品铺子建立会员中台，对29个细分渠道的会员统一管理，2019年会员销售额占总销售额比例达57.4%，会员运营效率提升了1倍以上，小程序会员拉新指标同比增长超过80%。

另外，零售业的数字化，本质上是从外部向内部数字化的过程，即零售生态的线上化驱动整个零售业务从实体向数字化发展。

二、升级渠道管理体系

（一）深化客户洞察

加强客户数据收集整合，增加全服务渠道数据采集埋点，打通专业间数据壁垒，借助业务中台，实现全渠道业务信息、客户服务轨迹信息聚合。建立统一客户数据存储模型及管理规则，实现全渠道客户信息共享，支撑营销新业务、新生态拓展需要。推进基于标签及画像的客户细分，并针对不同客户群设计个性化服务。

（二）强化全渠道数据埋点采集

增补“网上国网”App、客户经理移动应用、95598网站、电话等渠道埋点，全量获取客户登录、浏览、查询等行为轨迹信息。构建全渠道服务数据整合洞察机制。汇聚全渠道服务数据，形成全面客户洞察并优化客户服务。依托业务中台，开发线上监控平台，支撑全渠道业务流程及办理情况实时可见，实现全渠道在线服务风险可控、能控、在控。建立客户体验闭环管理机制，以客户体验驱动服务策略改进，根据客户服务反馈不断优化提升服务体验。

（三）构建全渠道数字化运营管理体系

开展全服务渠道定位与规划，明确各渠道发展定位和协同运营方式，建设渠道管理功能，开展渠道全生命周期管理。提升自助服务设计水平与服务质量，进一步丰富“网上国网”数字化服务功能，引导客户将业务逐步转移至“网上国网”、95598网站等电网公司自有线上渠道。优化设计并研发上线95598网站相关服务产品，融入“网上国网”运营体系。完善营业厅信息系统和感知终端建设，升级自助设备软件，优化业务办理流程。提升智能机器人在95598电话及其他线上线下渠道应用水平，提升知识库、在线客服及消息模块全渠道共享能力。

（四）线上线下一体化发展

结合新零售的渠道融合成功案例，分析电力企业渠道融合方案，发挥线下体验服务及线上便捷购物体验的整合优势，弥补传统零售服务的短板，改善客户服务体验。

线上渠道数字化运营。在微信等外部线上渠道增加埋点，实现线上渠道客户轨迹信息全采集，支撑客户行为分析及客户标签应用。以“网上国网”客户端为统一入口开展线上销售，优化商品展示、订单支付、售后服务等功能，提升用户体验。以“网上国网”销售端为销售推广工具，完成试点单位销售推广人员线上注册。推进各省自有电商平台接入“e享家”平台，以“e享家”作为统一线上入口，实现全业务承接。优化平台功能，推进商户端、运营管理端、供应链管理端的开发和上线，支撑前端业务开展。

线下数字化展示体验。坚持简便易行、经济实用原则，营业厅采取大屏宣传、广告折页、互动体验等宣传方式，进行宣传、推介、展示，开展客群引流。通过电动汽车体验中心、家电卖场、经销商场地等开展电动汽车试乘试驾体验、智能物联家电实物体验，促成交易。对线下渠道营业厅开展数字化改造，实现智能设备统一管控；通过面部识别确定用户身份，基于用户行为分析，开展主动精准服务。

线上线下一体化运营。全面打通线上线下及各渠道数据资源，推进营销、物流、信息、服务一体化管理，支撑动态优化人货场布局，依托线下营业厅增强客户体验，促进线上下单成交。打通客户、产品、营销、交易、物流、售后等全环节线上线下数据链路，推动各业务板块会员、营销、订单等数据实时同步和共享，智能分析爆款产品、客户偏好、营销推广等，实现人货场布局动态优化。

三、强化渠道一体化监控

（一）监控线上商品价格

因税收、店铺租金等因素导致线上销售与线下销售成本不同，这势必影响商品的定价以及相关营销活动。网络分销商可采取更多的营销方式与较低的商品售价来赢取客户。一般供应商（指企业本身）会给分销商指定一个商品价格区间，以控制线上商品销售价格，但有的分销商为赢取客户采取低价策略，以低于供应商指定的价格进行售卖。对于这部分分销商，供应商应采取合理的方式进行沟通、管控，严重的予以警告，停止分销授权关系，以防恶意竞争给品牌资产带来的损害，并维持线上分销系统的稳定。渠道监控帮助品牌企业监控分销商销售商品的价格，企业只要在产品里设定商品售卖价格区间，系统就能智能地将低价商品列表推送至企业。

（二）辨别不良分销商

随着网络市场被开发，竞争也越来越激烈。为赢取客户，商家采取低价、满送等多种营销手段。这种价格战会影响企业的正常发展，导致企业夭折。在这种情况下，分销商为图生存，也可能采用真假参半的方式售卖商品，来降低企业成本。这种不良竞争势必影响消费者对品牌的信任，也对品牌企业（指供应商）造成严重后果。品牌企业应及时阻止这种现象，把控分销商提货与销售量之间的比例。渠道监控将帮助品牌企业监控分销商售卖商品的数量。品牌企业通过比对商品的销量数据与提货清单，就可以大致看出一些端倪，以防不良分销商作弊行为。

（三）挖掘潜在优质分销商

许多企业错误地认为铺设分销渠道是个短期、静态行为，其实不然。电商环境在变，企业发展在变，分销商也在变。尤其在网络购物环境下，每天都有许多电商诞生和退出，生命周期之短是不能与传统零售商同日而语的。由此来看，评估分销商优劣对于品牌企业来讲极为重要。品牌企业可以通过监测分销商的销售数据（销售量、营销活动、二次购买率等），来对比评估分销商的销售能力，给出相应的扶持政策，从而促进销售。同时，品牌企业也应关注发现新生力量，招收极具销售能力的分销商来取代销售能力不佳的分销商，来优化网络分销渠道。渠道监控将为企业列出售卖相同产品或同类产品的店铺，企业通过店铺成交量与店铺售卖类目比例等条件，进而评估分销商的优劣和综合竞争力。

第八节　供应链数字化

一、供应链的内涵及重要性

供应链（supply chain）这一概念来源于国外，随着外资企业在中国的布局发展而进入中国。供应链涵盖的范围很广，涉及计划、采购、制造、分销、物流等多方面内容。尽管供应链概念很早就有了，但很长时间内并未引起足够的重视，当然这和时代背景有很大的关系，在“销售为王”的时代，只要投入就可以挣钱，在此背景下供应链只是被动的应对业务发展。

一方面，供应链从内部帮助企业节流。即通过供应链优化来降低成本、提高效率。中国的各个行业都面临着充分竞争，基本上很难再找到一个“蓝海”行业，在这样的背景下，企业单靠投入广告、投入产线或者扩张门店等方式来扩大销售已经不太现实。企业只有在每次竞争中都比竞争对手做得好一点，那么随着时间的推移，企业才会渐渐的从竞争中脱颖而出，占据领先位置。而要做得比别人更好，就应该比别人更快、更好，成本更低；要从内部下功夫，对整个供应链进行优化，实现节流，提高资本回报率。

另一方面，供应链帮助企业开源。总的来说，供应链是为支持销售服务的。如果支持做得不到位，销售就会遭遇很大的瓶颈。最简单的例子就是库存管理，如果仓库内的商品放错了位置，或者库存量出现差错均会导致销售缺货等问题，进而丢单。企业如果能够不断优化供应链，把正确的商品放在正确的地方，放置合理的数量，就能够快速满足客户的需要。只要每一次库存决策比竞争对手做得好一点，那么无疑能够帮助企业更好地抢占市场，实现开源。

高效是当下新零售的主要特征。从复杂的B2B2C[1]模式到厂家直销，再到人货场重构，无疑大大提升了消费者购物效率以及商家进货、供货效率。此外，“90后”“00后”

---

[1] B2B2C是一种电子商务类型的网络购物商业模式，B是business的简称，C是consumer的简称，第一个B指的是商品或服务的供应商，第二上B指的是从事电子商务的企业，C则表示消费者。

成为新消费主力，他们更加看重消费场景以及消费体验，因此高效的供应链系统变得尤其重要。

二、供应链管理对策

供应链管理是指在满足服务水平需要的同时，为了使系统成本最小而采用的把供应商、制造商、分销商、零售商、客户有效地结合成一体来生产商品，并把正确数量的商品在正确时间运送到正确地点的一套方法。

1. 转变观念

传统的管理模式和供应链管理模式有着根本的差别，前者强调劳动分工与专业化，后者则重视系统的集成，不仅关注内部的资源，而且关注企业外部资源，突出一体化的整合思想。转变不仅局限于企业内部，而且涉及外部企业战略关系的系统变革，如果缺乏系统环境的支持很难取得成功。零售企业在供应链系统设立中所做的第一件事情，就是引进专业供应链管理人才，在企业内部宣传供应链管理思想，介绍国外供应链管理发展现状，为变革奠定好思想基础。

2. 与供应商建立战略联盟

传统的观点认为供应链渠道成员之间是一种此消彼长的零和博弈，每一方都想尽量从其他方身上多拿些好处，以提高自己的经济效益，从而导致价格不稳定。信息彼此封闭，设施重复浪费，实际上对双方的共同利益造成了损害。零售企业不应该把渠道伙伴作为竞争对象，而应该借助于自己和最终消费端最接近的优势在供应链中占据主导地位，选择合适的供应商伙伴，建立利益共享的战略联盟，使交易各方通过相互协调合作，实现以低成本向消费者提供更高价值服务的目标，在此基础上实现双方的利益最大化。

3. 进行业务流程重组

供应链管理要求各企业在组织结构上进行创新，消除各部门、各职能以及各企业之间的隔阂，进行跨部门、跨职能和跨企业的管理及协调，即进行业务流程重组。这种重组包括以下三个方面：

企业部门内部的BPR（business process reengineering，业务流程重组）。企业手工业务处理流程中，存在很多重复或无效的业务处理环节，如一些非创造性的统计、汇总、填表等工作，计算机完全可以取消这些业务而将中间层取消，使每项职能从头到尾只有一个职能管理机构，做到机构不重叠、业务不重复。

部门之间的业务流程重组。企业应该根据供应链中的角色，重新设计和构造企业的业务流程，对原来的垂直型组织结构进行改变，建立扁平化的管理组织。目前，比较盛行的方法是按照商品品类来设计部门，从而有利于零售企业对单品实行全面控制，使得商品经营和管理活动更具有针对性和灵活性。

企业与企业之间的业务流程重组。供应链上各企业之间的信息交流大大增加，就要求企业之间必须保持业务过程的一致性，企业与企业之间进行BPR，以实现对整个供应链的有效管理。

4.优化物流配送系统，加强库存管理

如何实现有效的商品配送，在特定的服务水平要求下降低库存成本是每个零售企业都必须考虑的重要问题。在这方面可以采用的对策如下：

建立配送中心的中央管理运送模式。集中库存与分散库存相比，可以通过减少安全库存及联合调剂来降低库存水平，减少缺货情况，这对于大型连锁集团而言优势极为明显。

配送中心是零售业统购分销这一竞争优势实现的中心环节。配送中心的根本作用在于扩大、实现理想的经济效益。它可以从总体上布局，充分发挥规模经济作用，从布局、规模、功能、时机、批量上进行全盘考虑，实现高效、经济的集中物流配送。

5.第三方物流管理

零售企业也可以将库存外包给专业的第三方物流公司，从而将精力主要集中于核心业务，而不必建造新的仓储设施或者由于库存过高而花费过多资金。

6.实现信息化管理

信息共享是实现供应链管理的基础，因此，有效的供应链管理离不开信息技术的可靠支持。零售企业与供应商要共享需求信息、存货状况、生产计划、生产进度、促销计划、需求预测和装运进度等信息，并且在各企业间实现信息的快速传递。

三、新零售生态圈构建策略

（一）新零售生态圈创新受到共享经济的影响

1.共享经济的主流发展

受传统经济模式的长期影响，消费者认为商品使用需要获取商品所有权。而在共享经济背景下，消费者可以在不获取商品所有权的前提下拥有商品使用权，以此满足消费者多元化需求。所以在商品所有权与使用权被分开后，消费者的消费观会潜移默化的发生转变。而在消费观念转变前提下，消费者共享意识的形成促使自身角色发生转变，以往被动消费形式会逐渐被消费者主动产销取代，在消费过程中实现对信息的接受、发布、产生以及传播。加之互联网时代下消费者信息的产生与传播无需花费较大成本，从而进一步提升消费者共享信息的积极性和主动性，促使消费者主权得到充分体现。

2. 经营理念的创新

在共享经济下，零售企业运行模式得到进一步创新，并且消费者、生产者及流通者的实际需求也因新型零售业态而被充分满足。共享经济发展促使消费者与生产者之间的联系更为紧密，并形成以消费者为核心的经营理念。经营理念的创新促使消费者从以往信息消费者转变为信息传播者、消费者及生产者，在共享经济模式下，消费者转变以往被动接受服务的局面，实现依据自身个性爱好提出多元化商品要求，或者是转变以往单一消费者身份，以卖方、出租方身份进行产品发布。因此，零售企业需重视对经营理念的创新，通过与共享经济模式的有机结合，以此适应消费者多元身份的转变，满足消费者多元化服务需求。

3. 零售业服务流程与模式的转变

零售企业要想在共享经济模式下维持自身稳定的发展态势，需强化对消费者的服务意识，通过提升产品适用性和实用性来满足消费者的个性需求，进而推动零售企业的多元化发展。例如共享经济下诞生的购物代理平台，以委托代理为主要发展、服务模式，依托对于消费者个性需求的掌握，代替消费者进行商品筛选、搜索、购物等。在消费活动中，代理商会以全程沟通、交流的方式，按照消费者的需求提供服务。在共享经济下，类似于此类的新型消费模式愈发受到消费者的认同与依赖。同时，此类新型模式对零售业造成巨大的冲击和影响，零售业需要持续改进自身服务模式，结合当前零售业的发展现状来优化业务流程，以此满足消费者持续提高的个性化消费需求，进一步提升零售企业的核心竞争力。

（二）新零售生态圈在共享经济下的创新策略

1. 注重零售资源共享

共享经济发展的主要目的在于对商品使用权的共享，若在共享经济模式下相关零售商品可实现共享，零售企业可以获取更大的商品效益创造，并且商品的价值与作用会得到最大化体现。分析现阶段我国零售业的发展，其核心零售资源包括物流、客户资源等，若客户、物流资源能通过共享而重复使用，可以进一步促进零售企业资源利益的创造，并充分发挥这些资源的作用与价值，在降低零售业成本的基础上，为零售企业创造更大经济效益。例如京东、阿里巴巴等电商企业，在运行发展过程中相继构建了完善的物流体系，并结合自身发展现状的分析共享物流体系，通过资源共享来降低企业成本，达成体现共享资源价值与作用的目的。

2.注重管理、服务模式的创新构建

共享经济模式下，消费者的关注重点从商品所有权转变为商品使用权，若零售企业依旧侧重对商品所有权的营销，势必会影响到自身发展。对此，企业需重视对自身经营、服务模式的创新构建，充分借助共享模式来发挥可重复使用商品的最大价值与作用。而针对使用时间短、价格高昂的商品，企业可结合消费者个性需求，将 “卖”服务模式转变为“租”服务模式，在充分体现商品价值的同时满足消费者个性化的消费需求。

3.注重行业发展环境改善

要想进一步推动新零售生态圈的创新构建，需结合以下几点进行零售业发展环境的改善：①重视对行业发展法律法规的完善，依据现阶段零售业发展业态，制定科学的法律法规，进一步为零售业规范化、标准化的发展提供依据保障；②分析当前零售业发展现状，构建完善且科学的行业发展规划，通过对新商业网点的科学布局，保障零售企业良性发展；③共享经济下，零售业市场竞争激烈程度不断增大，对此需结合当前零售企业发展现状，构建良性竞争机制，为新零售生态的创新构建打下良好基础。

4.注重信用评价体系完善构建

共享经济核心即为“共享”，所以经济共享的发展主要是借助分享形式来转变消费者、零售企业的理念与意识，突破传统零售业发展存在的局限，为企业与企业、企业与消费者、消费者与消费者提供更多交易和沟通的机会。但是在共享经济下，因共享数据的海量增长，加上客户共享体量的持续增长，使得个体信用方面出现问题的几率不断增大，例如购买诚信、共享物品质量问题的频繁发生。对此，需结合行业共享模式发展现状的分析，构建完善信用评价体系，尽可能消除客户信用安全问题，通过对电商、物流、支付等过程渠道的有机整合，实现信用评价体系贯穿于共享服务模式的全方面和全过程，为新零售生态圈有效创新提供助力。

5.注重新零售技术的充分应用

共享经济发展模式下，零售业需加大对新技术和设备的应用力度，实现对新零售业务场景的创新，例如应用VR及智能自动售货等技术。通过对新型零售技术的应用，在促进信息资源共享的基础上，实现在线上呈现出线下的购物场景，提升消费者对消费场景的体验感。通过对传统商铺场景体验的转变，借助二手物品VR体验、无人售货商店等全新消费形式，为消费者带来区别于以往的消费体验。而上述新型零售技术和设备的应用，都是基于大数据、图像识别、云计算、语音识别等技术的融合应用。所以，要想进一步促进新零售生态圈的创新，应重视对各种新型零售技术的应用与创新，为满足消费者个性化消费需求提供助力。

（三）电力企业新零售生态圈构建实践

按照“平台+生态”的思路，建设能源电力物联网，实现对能源互联网生态体系的“引流+赋能”。以分布式光伏服务、综合能效服务、电动汽车服务、能源电商服务、数据商业化服务、线上产业链金融、电工装备服务七个方面子生态的建设为重点，能源电力物联网将更好地服务政府部门、能源供应者、能源消费者，促进全环节、全要素供需对接和资源优化配置，拉动产业聚合成长，带动产业链上下游共同发展，构建互利共赢能源新生态。

1.分布式光伏服务生态

通过汇集电站侧、电网侧的设备运行、气象气候、负荷能耗等数据，共享分布式光伏全产业、全服务、全价值链资源，实现数据全面接入、状态全息感知、服务全新周到、开放合作共享。

2.综合能效服务生态

聚集综合能源服务商、产业链上下游供应商、终端客户、政府及行业机构、金融及投资机构、高校及科研机构、小微企业和创客等产业相关方，整合综合能源服务全产业、全服务、全价值链资源，形成共建共赢、开放共享、有序竞争、协同进化的商业共同体。

3.电动汽车服务生态

以优质充电服务为基石和入口，推进人、车、船、桩、网、电、储等资源的泛在互联，全面聚合政府部门、行业协会、电动汽车整车企业、电池等零部件企业、设备制造商、充电运营商、出行运营商、停车运营商、通信服务商、互联网企业、电力企业、金融机构等各方资源，共同推动跨行业信息融合与业务贯通，服务电动汽车行业健康发展。

4.能源电商服务生态

广泛聚集客户、数据、生态资源，建设能源电商新零售全域物联网枢纽，实现全域物联、全景服务、全链增值、全面降本、全民电气的五全新零售发展路径，打造共建、共治、共享、共赢的能源电商新零售服务生态圈。

5.数据商业化服务生态

对外以服务政府科学决策、服务企业智慧运营、服务居民互动用能为主线，对内以服务企业提质增效、精益管理、风险防范等为主线，充分挖掘数据价值，研发数据增值产品，探索数据增值变现商业模式，构建电力数据商业化服务生态。

6.线上产业链金融生态

汇集电网承载的资金、资产、资信、客户、渠道、品牌等资源，聚合资金融通、保险保障、资产管理等金融产品服务，创新业务场景，提高交易效率，深化数据运用，拓宽推广渠道，优化客户体验，深度释放各类资源价值，构建全方位、一站式线上产业链金融生态。

7.电工装备服务生态

通过采集供应商产品生产、质量控制、成品试验，以及需求单位产品交换、抽检验收、履约结算、运行质量等信息，将电工装备企业及其设备有机连接，打造智慧物联平台。同时，将电能表检测数据、设备运行缺陷数据反馈到招标采购和生产制造环节，从源头提升设备采购和生产质量，构建电工装备互利共赢生态。

第五章

电力营销新零售典型案例分析

为打造开放生态，推动乡村产业发展，助力营销服务模式转型升级，提升泛在电力物联网建设感知度，促进电能替代，国家电网公司充分发挥2万多个营业厅、“网上国网”统一入口、统一客服体系、一线服务人员等资源优势，聚焦“人—货—场”核心要素，以客户为中心，以市场为导向，探索开展能源电商、能源金融新零售业务，以构建国网特色产品服务体系、推进线上线下一体化运营、健全业务常态化运营机制为抓手，重点发展电动汽车、智慧电器、消费扶贫、光伏服务、金融保险五大领域，打造电力物联网对外服务推广窗口，构建“人·再电气化·物联生活”生态圈。

其中，电气化业务版块聚焦家电消费升级，推出优质优价、低碳节能的智能物联家电产品；电动汽车业务版块聚焦电动汽车出行市场，推出电动汽车线上买车、买桩、办电，线下驾乘体验、建桩装表产品服务；扶贫业务版块聚焦消费扶贫，对接扶贫帮扶点专属供应绿色有机农特产品；光伏业务版块依托国网分布式光伏云网的资源优势，提供方案推荐、下单购买等服务，实现线上一键建设光伏；金融业务版块结合金融服务特点，为电动汽车客户、城乡电气化客户和光伏产品客户提供一揽子综合金融产品服务。

国网江苏省电力有限公司（简称江苏公司）积极推进能源电商新零售试点工作，完成10家试点营业厅新零售专区建设，通过业务培训赋能电管家团队，创新开展线上线下营销推广活动，大力宣传新零售“e”享家品牌，开拓新零售各业务板块市场，不断探索新零售营销模式，推动新零售业务体系建设。下面介绍江苏公司在能源电商新零售方面的积极探索及工作成效。

第一节　智慧电器新零售业务

一、业务介绍

（一）业务简介

当前，智慧电器新零售业务已在全网范围内逐步开展，江苏公司率先在现有业务基础上，依托掌上电力、统一客服体系和营业厅等资源，组织电管家开展新零售智慧电器业务营销推广工作，推动智慧电器业务营业厅覆盖，开展属地化营销活动，推动智慧电器业务在全省（市）范围快速推广。

（二）业务思路

1.线上线下一体化业务模式

坚持智慧电器线上、线下一体化发展模式，积极开展线下渠道的线上化运营，通过线上平台助力电管家在营业厅内及其他场景的电气化产品服务宣传推广，并通过线下工作推进线上平台的业务流量增长，实现双向赋能、共同推进。

2.建立供应链统一管理模式

由电商公司整合品牌厂商、渠道商等供应链资源，统一供应链建设，打造供货商—电商公司—综合能源公司的产品供应链路，由省（市）公司组织综合能源公司与电商公司进行对接，建立属地产品展示运营专区，构建差异化产品体系，并根据客户画像分析，动态调整专区产品，开展差异化专区建设。

3.建立电管家推广团队

由省（市）公司牵头组建专业化电管家团队，通过建立完善的培训机制和激励机制，实现电管家团队赋能，提升团队业务水平、激发工作动力，积极开拓B2B、B2C智慧电器业务各级市场。

4.依托营业厅推动品牌宣传

加速全省内营业厅新零售业务覆盖，通过开展数字型、功能型、简易型营业厅改造助力智慧电器在各级市场的迅速铺开，加强“e享家”品牌宣传。

（三）主营业务

面对B端和C端客户群体，广泛调研与征集需求，构建智慧电器产品体系，依托国家电网公司搭建新零售线上推广渠道，聚合线下营业厅渠道，通过电管家宣传推广，大力开拓城乡电气化市场，开展智慧电器业务。主营业务包括：

1.常规及特色家电租售

面向B端和C端客户群体，结合市场需求开展常规家电与特色家电租售业务。面向C端零售市场客户，着重开展家庭传统大功率电器推广销售，面向企业、政府、学校等B端市场典型客户，提供特殊商用电器经营性租赁和销售服务。

2. 双品牌智能物联家电规模化应用

根据国家电网公司工作部署，联合美的、奥克斯等厂商，基于监测能效数据、客户使用习惯分析等数据，以掌上电力为终端调控平台，研发以“e享家”为市场化品牌、具有需求侧响应负荷调控功能的双品牌智能物联家电产品，实现多品牌IoT平台接入，打造智能物联统一标准，为客户提供多样化能效服务，通过前端家电产品和终端调控平台高度结合，实现“产品+服务”的业务模式落地。

结合相关政策，面向B端和C端客户，依托线下营业厅开展产品展示体验及销售推广，提供双品牌智能物联家电产品服务，实现规模化需求边际响应，促进有序用电，实现客户端降本增效。

二、产品管理

（一）选品管理

建立电气化产品统一选品原则，确保电气化产品在满足产品覆盖原则、服务保障原则、利润保障原则以及市场需求原则的基础上，制定产品上架、下架全生命周期管理流程，保证产品信息及时、准确，最终实现终端产品销售。

（二）产品体系

结合“e享家”品牌营销，搭建全面的供应链产品体系，针对B端和C端客户，梳理现有产品的品牌及品类，进行差异化产品营销。

1. C端产品体系

根据区域特性及区域内客户的消费习惯，分为基础型、智能型产品。基础型产品以优质优价，满足家庭基本生活需求的家电产品为主，主要包括电气化产品、智能家居产品和家装周边产品。智能型产品以提升客户生活理念，满足家庭生活舒适、便利、节能环保的中高端家电为主，为满足客户的高端需求并结合年轻客户群体需求，具备科技化、智慧化、物联化特征，提供交互式客户体验，主打智能客厅、智能厨房、智能卫浴。主要品类为智能电视、智能空调、扫地机器人、多功能吸尘器、智能照明系统等生活家电相关产品，如图5-1所示。

图5-1 江苏南京雨花营业厅电气化专区展示

2.B端产品体系

面向B端目标客户，依据各地区产业经济、城乡特点、季节气候等差异，开展市场需求调研，构建产品体系。深入挖掘生产、生活类电气化产品新需求，因地制宜，制定精准营销策略，提供精细化的落地方案，实现对B端市场的业务拓展。目标客户主要分为生产型企业和非生产型企业两类。面向生产型企业，主要提供生产加工产品。对物流企业提供冷链温度控制、电制冷、电保暖产品；对农业生产企业提供农业种植、畜牧养殖、水产养殖、农产品加工产品，如大棚电保温器具、电力增氧机、电力喂食机、电热烘干机等电气化产品。面向酒店餐饮等非生产型企业客户，提供双品牌智能物联家电、厨房电气化、制冷供热电气化产品；面向商业建筑、高等院校、企事业单位等客户，提供电热锅炉、新风系统、智能照明、电制冷、电供热等产品。

3.双品牌智能物联家电

联合美的、海尔、奥克斯等厂商打造空调、热水器、插座等双品牌智能物联家电产品，采用HPLC、WiFi两种传输技术，实现产品与平台间物联交互。

（三）供应商管理

国网电商公司组织联合家电品牌厂商和渠道商组建产品供应链，建立产品库，通过平台统一输出，并提供一体化售后服务支持。同时建立供应商准入及淘汰的全生命周期管理要求，确保在售商品精准满足属地客户需求。

三、营销推广

1.活动规划与设计

确定活动方案及工作计划。江苏省（市）公司联合国网电商公司明确线上、线下一体化营销活动需求，共同制定营销活动方案，根据活动方案明确各单位活动工作任务和职责，制定营销活动执行方案和工作计划。明确活动方案后，由省（市）公司组织、电商公司支撑开展电管家业务培训。

确定活动主题及主推营销产品。电商公司确定活动主题，并根据省（市）公司市场调研结果和属地化产品需求上架产品，集中展示活动产品和活动规则。

明确活动形式及宣传手段。电商公司协同省（市）公司依托掌上电力、各级微信公众号及社会化媒体等线上渠道，通过专区优惠活动、节日热点活动开展平台宣传引流，实现业务转化。省（市）公司依托营业厅场景、电管家团队等线下资源，通过全区域、网格化布局的销售网络及渠道下沉，利用营业厅的实物展示、VR展示、电子大屏等宣传手段为C端客户提供一体化沉浸式消费场景和服务，实现线下引流。

针对不同客户类别，实现线上线下营销策略融合。线上推广策略包括平台引流及精准营销。平台引流即通过秒杀、爆款、满减满赠等优惠活动形式，吸引客户通过线上平台进行购买。精准营销推广是基于数据收集及分析，较为准确了解客户的购买意向和需求等，进行精准营销触发或意向产品推荐，从而提升客户的购买率。线下推广策略包括营业厅场体验、多样化属地营销活动、电管家专属推广。营业厅场景体验式推广是将营业厅新零售智慧电器专区打造成为客户的体验中心，进而转化业务。

2.活动实施流程

电商公司根据省（市）公司市场调研结果和属地化产品需求，结合电费红包、积分营销政策等进行产品定价，上架需求产品，集中展示活动产品和活动规则。专区上线后，依托内外部渠道开展活动线上宣传，在属地开展多形式现场活动，持续提升活动影响力，最终通过电管家和营业厅前端推广达成订单成交。同时，电商公司和省（市）公司联合开展活动监控，对活动过程中的销售及售后问题进行实时跟踪，不断调整活动策略和活动产品，保障活动平稳开展。

3.活动评估与总结

首先，电商公司联合省（市）公司开展活动复盘，重点开展活动组织分析，总结活动组织策划问题，形成工作管理办法。其次，进行活动数据分析，针对电管家登录率、平均带单量、平均带单单价、属地客户客单价、品类销售top3、品牌销售top10、产品销售top等数据进行分析，形成电管家和客户市场分析报告，优化区域活动选品。最后，通过对工作机制和销售数据的分析总结，形成属地化典型经验，指导下一步营销活动开展和常态化运营工作。

四、激励机制

（一）激励对象

在掌上电力App注册成功并通过“e享家”推介或购买产品，达成交易的推广达人。

（二）激励政策

对电管家的激励可通过积分、现金、荣誉表彰等形式兑现。其中，积分、现金激励的费用由电商公司与商户约定，根据品类、品牌、产品的差异设置不同比例的激励政策，由电商公司统一管理、兑现。

1.现金奖励

通过2种渠道兑现现金激励。一是通过掌上电力App直接兑现，即消费者通过推广达人的推广链接达成成交、确认收货后7天，推广达人即可直接通过“网上国网”申请提现，后台审核通过后即可发放。此类兑换方式主要适用于面向城乡居民客户的电气化产品销售。二是国网电商公司与省市电力公司指定的人力资源管理企业签订服务合同，将激励金额定期支付给人力资源管理企业，由人力资源管理企业按照激励金额明细进行兑现。此类兑换方式适用于面向与电力公司有业务往来的企业客户的电气化产品销售。

2.积分奖励

由国网电商公司统一组织发放至电管家掌上电力的积分账户，积分可在“e享家”抵扣现金或兑换实物。

五、未来商业模式探索

（一）B2B商业模式

总体上B端目标客户分为国网系统内和系统外单位。国网系统内目标客户为主业单位、产业单位、集体企业；国网系统外目标客户为政府、公用事业单位、企业、厂房、园区、商业楼宇等，结合客户规模、负荷特性、电量增长、用能价格、客户需求，研究完善客户分类方法与标准，进行线上宣传推广及电管家市场需求调研，汇总B端客户需求，针对性地推广B端特色产品和服务，如大功率电气产品、双品牌智能物联家电及电器租赁业务，并引导客户成功下单。

（二）B2C商业模式

在智慧电器市场持续增长环境下，根据消费需求特征对C端客户进行分类，采取OAO（online and offline），即线下供电服务场所和线上“e享家”有机融合的一体化“双店”经营模式，一方面主要面向乡村市场针对家庭电气化水平不高、需要家庭电能替代产品的C端客户，结合其价格敏感度高、重点关注产品性价比的特点，推广性价比高的基础型电气化产品及双品牌智能物联家电；另一方面主要面向城市市场，结合此类客户已经达到一定电气化水平，追求进行家电产品体验升级，注重品牌文化的特点，为其提供具有更多附加功能的中高端智慧电气产品及双品牌智能物联家电产品。

（三）盈利模式

B2C业务主要盈利模式为在规模化产品供应条件下，合理制定产品自营或专区各品类产品的采销差价。B2B业务主要盈利模式有两种：一是产品销售过程中产生的采销差价，二是通过开展产品租赁服务产生的租金收入。

第二节　电动汽车新零售业务

一、业务介绍

（一）业务简介

当前，国家电网公司正致力于发挥公司营业厅、网上国网、电管家、国网客服中心、车联网平台等资源优势，聚焦新零售“人—货—场”核心要素，以客户为中心，以市场为导向，构建电动汽车“售前—售中—售后”业务运营体系，积极开展电动汽车新零售工作，促进线上线下融合发展、内外部高效协同、产业链上下游互利共赢，推动公司乡村电动汽车新零售业务实质性进展。

（二）主营业务

当前江苏公司对可推广车型、配套金融与保险套餐进行整合，依托公司搭建新零售线上推广渠道，聚合线下体验销售渠道，利用公司基层网点优势，充分发挥枢纽作用，开展电动汽车新零售工作。主营业务包括：

1.电动汽车销售服务

针对C端个人客户和B端政企客户的不同需求，提供家用、商用、公交、物流、通勤、网约、出租等多用途车辆销售服务和整体解决方案，并为客户提供精品配饰、充电设施和售后服务。

2.电动汽车租赁服务

面向内外部客户，提供生产服务用车、公务用车、物流用车、城市服务用车、运营用车等租赁服务。

3.装桩接电

针对已购车客户提出的充电桩、充电场站等的安装、建设、接电需求，为客户提供质优价廉的充电桩产品及建设、安装调试服务。

4.金融保险

为客户提供车辆保险及金融购车服务，根据客户个人需求推出不同产品套餐，为客户提供全方位服务保障。

（三）管理模式

江苏公司在国网营销部、省供电公司和国网电动汽车公司的统一制度体系下，指导市县公司及省电动汽车公司进行电动汽车新零售业务的运营管控。

省供电公司是本省电动汽车新零售业务的归口管理单位，对本省各单位的新零售工作进行业务指导和监督管理，负责开展营业厅新零售专区建设，组织电管家开展电动汽车新零售业务培训和销售推广，配合产业单位开展属地营销推广活动和客户需求调研，制定激励兑现方案，负责本省货源协调、上架销售及售后服务等。

市、县供电公司作为电动汽车新零售业务的区域负责单位，组建电管家新零售市场开拓团队，负责调度电管家开展电动汽车销售工作，日常管理新零售业务，参与销售方案及营销活动制定，兑现激励政策。

国网电动汽车公司是电动出行业务的执行单位和支撑机构，负责开展电动汽车市场调研和运营分析，对接外部合作方，提供电动汽车产品与服务套餐；制定B、C端市场拓展策略，统筹开展营销活动策划和品牌推广；建设运营“e 享家”线上平台电动汽车专区；开发电动汽车业务培训课程，制定激励原则；负责提供大卖场建设技术指导。

省电动汽车公司是本省电动汽车新零售业务的运营主体，负责大卖场建设、配套充电桩建设，推进大卖场建设运营，提供试乘试驾、验车上牌、售后服务等全业务流程服务；负责营销推广活动实施，落实激励兑现，提供业务培训支撑。

国网客服中心是电动汽车新零售业务的服务体系和线上平台建设运营支撑机构，负责“e享家”在线客服和服务热线运营，受理客户咨询、投诉、意见、建议等业务，推进业务知识库建设及话术体系优化，强化服务质量全过程管控。

二、产品管理

（一）选品管理

1.选品原则

江苏公司针对电动汽车品类选择提出明确要求，即选定的电动汽车产品必须是已加入国家电动汽车销售名录，销售资质、证件齐备的合法合规产品。

2.选品品类

具体电动汽车品类的选择是由国网电动汽车公司按照乘用车、商用车、非道路车辆等品类，组织与意向供货车厂家和充电桩设施厂家商谈商务条件和供货方案，选定产品。商谈过程中国网电动汽车公司针对车型配置、市场管理办法、技术标准、供货周期、服务标准等提出相应的约束条款，包含生产厂家属地服务经销商的服务承诺和服务方案，打通售车业务的供货渠道，并对电动汽车上游供货商进行产品质量及供货服务监督管理。

3.选品方式

地市供电公司提出产品需求。省电力公司给地市公司下达车辆意向调查通知，地市公司进行属地市场调研，并根据当地市场调研结果，编制需求车型清单，每月月底向省电动汽车公司提出具体的销售车型需求。

省电动汽车公司负责建立销售渠道。省电动汽车公司根据地市公司提出的产品需求，与主流车企的主机厂及其经销商沟通，争取最优价格和服务，搭建需求车辆的供货渠道。定期根据不同市场需求及车辆产品迭代，制定价格优惠策略，制定区域销售推广手册。

针对不同业务场景确定选品。省电动汽车公司针对乡村市场，主推车辆价位在5万～10万元、续航里程300km及以下的车型；针对县乡市场，考虑车辆价位在5万～15万元、续航里程400km及以下的车型，满足乡镇到城市的出行需求；针对城市客户，考虑在城市间应用场景复杂多变，根据汽车市场变化情况，不定期进行新款车型推荐。

国网电动汽车公司负责对网上国网“e享家”电动汽车版块车型信息的上、下线和维护，及时更新线上车型信息数据，每月例行更新调整不少于两次，有重大变化时1个工作日内完成更新调整。

（二）产品体系

1.车辆产品

省电动汽车公司结合地市公司调研情况，依据各地区经济发展、已有电动汽车市场销售渠道布局及市场容量等情况，选择与品牌影响力高、研发能力强、质量体系完善、产品谱系丰富的主流车企共同构建具有国网特色的产品体系。

2.金融产品

国网电动汽车公司与合作金融机构，在全国范围内开展电动汽车新零售业务的合作。由金融机构提供分期购车等金融产品服务，省电动汽车公司负责金融产品落地。

3.保险产品

结合销售产品，提供电动汽车、充电桩、人寿等多种保险产品。

4.充电桩产品

针对C端客户，结合客户个人充电桩安装诉求，省电动汽车公司推出“充电桩+安装”套餐服务，协助客户完成整体报装安装服务流程；对于老旧小区不能安装充电桩的客户，提供公共充电包套餐，例如a年以内或b万公里以内充电享有服务费折扣优惠。针对B端客户，对于专用充电场站、新增充电设施的相关需求，省电动汽车公司推出“专用场站建设/合作+充电企业折扣”套餐；B端客户满足一定充电量要求后，可以与国网电动汽车公司商定专用充电场站合作或为其开通充电企业折扣，企业可结合充电量享受充电服务费阶梯折扣。

（三）供应商管理

江苏公司积极建立电动汽车新零售上游供应商全生命周期管理流程，制定供应商选择、评价、准入退出机制、采购流程及结算管理机制并严格执行，实现对供应商供货产品及服务的全流程质量监督，全力保障产品服务质量。

供应商选择。制定供应商资质审查标准和筛选条件标准，确保入围供应商符合相关条件资质要求。

供应商评价。国网电动汽车公司设定供货商评价标准，省电动汽车公司根据供货商评价标准表，按季度开展供货商评价，汇总上报国网电动汽车公司。针对失信、违纪、违法等恶劣行为设置一票否决指标。

准入退出机制。建立供应商准入及退出机制和流程，编制供货商退出标准考核方式。

采购流程。实现采购流程标准化，制定供应商在采购流程中需履行职责标准。

供货商结算管理。制定供货商结算环节中各流程的职责准则，明确合同管理、付款流程等结算流程管理要求。

三、营销推广

国网电动汽车公司负责全国性电动汽车新零售营销活动的规划设计、组织实施和评估总结；省电动汽车公司负责省内活动的规划设计、组织实施和评估总结；市县供电公司提供营销推广场地和支撑人员，负责内部活动宣传、现场布置、活动秩序维护、安保、营销统计、礼品发放等。各单位积极协同开展营销推广活动，将活动成果落到实处。

1.活动规划与设计

针对不同客户类别，实现线上线下营销策略融合。外部线上渠道通过汽车之家、抖音、快手以及省市广播、省市电视台、报纸等进行业务宣传。宣传文案及宣传视频等由国网电动汽车公司及省电动汽车公司负责设计制作，汽车之家、抖音、快手等大流量平台由国网电动汽车公司负责协调对接，省市广播、省市电视台、新闻报纸等由省电力公司负责协调沟通。内部线上渠道可以通过内部平台进行宣传。外部线下渠道可以采取墙体广告、户外大牌、店招广告、车体广告、灯箱广告、电梯楼宇、各大商场等多种形式进行投放。国网电动汽车公司、省电动汽车公司负责制定活动方案，在各地市组织开展多品牌试驾、团购会。对于针对国网内部市场的团购会，由省电力公司负责协调场地并开展相应宣传，负责协调场地和人员，省电动汽车公司负责车源协调、物料准备、组织活动布展等工作的实施。

明确活动宣传推广形式。国网电动汽车公司负责“e享家”宣传手册、宣传视频的设计，省电动汽车公司负责宣传物料的制作及配送，省市电力公司负责物料摆放，用于宣传推广。国网电动汽车公司提供车型目录，省电动汽车公司负责协调当地合作车企对营业厅及供电所进行车辆摆放展示，进行新零售体验推广，如图5–2所示。合作经销商负责提供必要的车辆宣传资料，协助开展线下推广活动。国网英大集团负责提供车辆保险相关的宣传资料，制定客户服务手册，摆放于营业厅或供电所，便于推广保险业务。

图5–2 江苏南京雨花营业厅电动汽车专区展厅

2.活动实施流程

对于活动现场布置及宣传，应设置活动现场不同专区，进行经销商车辆展示，制作宣传材料并推广。对于活动应急处理流程，建立应急预案和风险控制细则；设置紧急情况联络人，每位工作人员持有活动联系表，其中包括活动执行中各个部门人员与第三方部门的联系人方式，以应对紧急情况发生。细化风险控制细则，确保活动安全有序。

3.活动评估与总结

省电动汽车公司联合省电力公司、地市供电公司开展活动复盘，重点开展活动组织分析，形成活动总结。针对车型推荐正确率、交易洽谈满意度、订单转换率、销售金额、销售推广资金投入产出比等数据进行分析，形成电管家和用户市场分析报告，为下阶段活动开展提供有效数据支撑；通过对工作机制和销售数据的分析总结，形成属地化典型经验，指导下一步营销活动开展和常态化运营工作。

四、激励机制

1.售车奖励

省电力公司与省电动汽车公司商定兑现办法。省电动汽车公司和各地农电服务公司或劳务派遣公司签署业务委托协议，由省电动汽车公司将激励奖金发放至电管家所属劳务公司，由电管家所属劳务公司完成电管家的激励发放。因各地营业厅人员组织形式和农电服务公司运作模式不同，所以由省公司及电动汽车公司共同商定激励奖金兑现办法。

2.金融保险奖励

当客户提出金融或保险产品需求时，电管家引导客户通过“e享家”平台选择国网英大集团及其他合作商的车辆保险、金融套餐，根据订单成交情况给予奖励激励。

3.荣誉激励

年底省电动汽车公司将会对各营业厅及电管家进行业务评定，省公司可统筹考虑主业开展情况和电动汽车销售情况给予表扬。

五、未来商业模式探索

（一）B2B商业模式

目标客户：政府、企事业单位、国家电网公司内部单位。

业务模式：开展电动汽车租赁和销售业务。电管家开展客户需求收集，反馈至省电动汽车公司；省电动汽车公司依托信息传递人发出拜访邀约，与客户进行商务洽谈和公关工作，成立项目团队持续跟踪，根据客户需求选定适配车型，并制定“购车、金融、保险、售后”全过程销售方案，通过“充电解决方案+售车”特色营销模式，打造具有国家电网公司“车、桩、网”联动优势的产品服务体系，最终实现B端租赁和销售，并指定项目负责人对客户进行持续专属服务，如图5-3所示。

图5-3　国网江苏电动汽车租售体验中心

（二）B2C商业模式

目标客户：个人及家庭客户、国网系统内部职工。

业务模式：面向C端客户，开展各类促销活动和线上线下销售业务，省电力公司、省电动汽车公司组织市县营业厅组建营销网络，线上通过微信公众号、网上国网、内外部网站、电台等平台进行宣传，线下组织电管家团队开展市场调研和车桩一体化新零售业务推介，开展售车业务。并对系统内部职工，制定职工内购优惠政策，开展促销活动。

第三节　消费扶贫新零售业务

一、业务介绍

（一）业务简介

江苏公司在原有业务工作的基础上，依托“网上国网”、95598线上资源和营业厅资源等，组织电管家开展新零售消费扶贫板块营销推广业务，打造精准扶贫、精准营销、具有国网特色的能源电商新零售“e享家”品牌，响应公司拓展新业务、构建新业态、探索新模式的发展规划。

（二）主营业务

目前消费扶贫新零售以国家电网公司定点帮扶地区及其他国家级贫困县特色农产品线上销售为主要业务，采取品牌商直营模式。国网电商公司以“网上国网”App为销售、推广载体，与扶贫地区品牌商户、合作社直接合作。各扶贫商品品牌以地区形式入驻“e享家”专区，给予国网电商公司品牌销售授权，积极开展线下渠道的线上化运营。通过线上平台助力，电管家在营业厅及其他场景进行扶贫产品宣传推广，并通过线下工作助力线上平台流量增长，实现双向赋能、共同推进消费扶贫工作。

（三）帮扶模式

消费扶贫连接贫困地区与消费市场，其最大特点是运用市场机制，动员社会力量参与到扶贫过程中。根据消费扶贫的利益连接点，贫困群众需要产品有“可销售的渠道”，广大消费者需要消费有“可保证的品质”，做到消费扶贫“人人皆可为”，创造更好的制度环境。在国网定点扶贫的湖北、青海五县（区），成立长阳、巴东、秭归、神农架及玛多“慧农帮”分公司，在此基础上扩大帮扶范围，将832个国家级贫困县产品、各省公司定点帮扶贫困地区纳入到帮扶范围，全面贯穿农特产品生产、收货、盘点、包装、质检、发货、结算等各环节。遴选扶贫地区优质农产品，区域化运作，实现贫困地区农特产品生产、流通、消费全过程一体化运营，助力贫困人口脱贫增收。

二、产品管理

（一）选品管理

1.选品原则

扶贫商户与扶贫商品在符合《国网电商公司平台管理条例》的前提下进行产品划分。

需求导向型原则。针对B端客户，结合购买渠道特点，从库存保证、商品品质、商品单价等方面综合考虑，按照以销定采和以采定销相结合的原则，满足B端采购需求。针对C端客户，结合省、市、县和乡村的地区特征，从消费习惯、商品品质、地区差异化等方面综合考虑，以全国特色扶贫产品+区域特色扶贫产品相结合模式，满足C端用户购买需求。

产品覆盖及服务保障型原则。一般消费扶贫产品供应范围应覆盖全国，区域性特殊产品供应范围覆盖以省为单位销售合同的约定范围。选品应保障基础服务，包括但不限于产品品质，优质的全流程售前、售中、售后订单服务，以提升客户体验为重要建设因素。

2.选品品类

结合供应链及产品生产情况，将扶贫产品按照产品品牌、产品品类进行梳理，制定消费扶贫业务产品手册，进行区域特色差异化产品营销，主要品类包含水果蔬菜、米面粮油、菌菇干货、休闲零食、冲调饮品、熟食腊味、肉禽蛋奶、农副产品加工8大品类。

（二）供应商管理

完善消费扶贫新零售业务供应商准入、运营、考核及退出全流程生命周期管理，由扶贫地区县级及以上政府扶贫办出具企业入驻推荐函进行商户登记；实地调研，针对推荐企业商户，由电商公司运营小组（不少于2人） 对商户进行实地考察调研；商户审核，运营审核小组（运营两人、法务1人、质控1人）进行商户审核，根据商户资质及实地调研结果进行审定决策。

由供应商提供符合国家标准的产品目录，与供应商签订采购合同并上报经法系统，审核通过后邮寄给供应商签字盖章。电商公司根据市场需求筛选商品，并进行价格及商品参数审核，审核通过后，商品上架销售。根据客户需求订单，电商公司向供应商提交采购订单。电商公司按约定时间督促供应商根据采购订单将商品配送至订单约定地点。根据与供应商签订的合作协议，电商公司每月1～10日与供应商针对上一自然月交易完成的订单进行对账，对账无误后由供应商开具增值税专用发票，国网电商公司进行付款结算。

电商公司每月对开展合作的供应商就资金稳定性、产品质量、售后服务等维度进行综合评价。电商公司会对其综合能力与配合度进行考量，如果发现存在经营风险，电商公司会对该供应商做淘汰警告。

三、营销推广

1.活动规划与设计

线上营销活动：顺应市场规律和用户需求，制定活动计划，电商公司协同江苏省（市）公司依托“网上国网”、各级微信公众号及社会化媒体等线上渠道，开展具有国网特色的线上营销活动，通过专区优惠活动、节日热点活动开展平台宣传引流，实现消费扶贫新零售业务转化。

线下营销活动：省（市）公司依托营业厅场景、电管家团队等线下资源，通过全区域、网格化布局的销售网络及渠道下沉，利用营业厅的实物展示、电子大屏等宣传手段引导用户进行线下活动参与和产品体验，为客户提供一体化沉浸式消费场景和服务，实现线下引流，线上线下资源互通、信息互联。

线上推广策略：包含平台引流及精准营销。平台引流即通过秒杀、爆款、满赠等活动形式，提供优惠产品、优质服务，吸引客户通过线上平台进行购买。精准营销推广则是基于《能源电商、能源金融“新零售”消费扶贫业务实施推广手册》通过收集和分析相关客户数据，较为准确地了解客户的购买意向和需求等，进行精准营销触发或意向产品推荐，提升客户的购买率。

线下推广策略：包含营业厅场景体验、多样化属地营销活动和电管家专属推广。营业厅场景体验式推广是将营业厅新零售消费扶贫专区打造成为客户的体验中心，进而转化业务。营销活动推广是通过规模化的线下活动，快速提升客户对品牌、平台及活动的知晓度，结合一系列活动优惠，促进营销增长。电管家专属推广是将扶贫故事、扶贫产品特点与传统业务融合，通过高效的面对面交流，明确潜在客户需求，实现精准营销。

2.活动实施流程

国网电商公司联合江苏省（市）公司明确线上线下一体化营销活动需求，联合制定营销活动方案，根据活动方案明确各单位的工作任务，制定营销活动执行方案和工作计划。

电商公司根据省（市）公司市场调研结果和属地化产品需求建立活动专区，集中展示活动产品和活动规则。专区上线后，依托内外部渠道开展活动线上宣传，在属地开展多形式现场活动，持续提升活动影响力。同时电商公司和省（市）公司联合开展活动监控，对活动过程中的销售、售后问题进行实时跟踪，制定活动应急管理预案，不断调整活动策略和活动产品，保障活动平稳开展。

3.活动评估与总结

电商公司联合省（市）公司开展活动复盘，重点开展活动组织分析，总结活动组织策划问题，形成工作管理办法；进行活动数据分析，形成用户市场分析报告，优化区域活动选品。通过对工作机制和销售数据的分析总结，形成属地化典型经验，指导下一步营销活动开展和常态化运营工作。

第四节　光伏服务新零售业务

一、业务介绍

（一）业务流程

（1）客户开发。线下通过营业厅和电管家团队，引导客户观看“e享家”光伏服务宣传视频，并进行线下展厅现场体验，对客户进行分类，准确筛选意向用户并对潜在客户进行线下走访，意向落实后进行“网上国网”App线上引流。

（2）建站服务。意向客户完成光伏服务预约后，国网电商公司运营人员根据预约工单详情，联系专职电管家与客户确认上门勘察时间，安排属地运营运维中心工作人员支撑专职电管家上门勘察。专职电管家和属地运营运维中心工作人员按预约时间当天完成建站勘察工作，专职电管家现场勘察是否具备接入条件，编制接入方案，答复接入方案并由客户签字确认。

（3）设备采购。专职电管家指导客户在“网上国网”App“e享家”光伏服务中采购光伏系统，客户订单支付后，国网电商公司运营人员和运营运维中心工作人员与客户预约到货时间进行验收。

（4）施工安装。设备到货后，运营运维中心工作人员协助客户完成到货验收，设备验收合格后，运营运维中心实施安装。

（5）并网验收。光伏电站安装完成后，运营运维中心工作人员协助客户确认验收资料已齐备并申请验收，专职电管家组织相关人员开展并网验收和设备调试，验收申请通过后经客户签字确认后完成并网接电。

（6）电费结算。光伏电站并网后，客户通过“网上国网”App完成光伏签约。供电公司完成电费发行审核后，将客户上网电费及补贴支付至国网电商公司。国网电商公司收到电费补贴款项及支付明细后，对电费结算明细进行审核并由运营人员完成对客户支付操作；支付完成后一个工作日内，以短信信息形式通知客户完成结算电费发放，供电公司可通过财务管控系统查询客户支付结果信息。

（7）运营运维。客户电站并网后，运营运维中心7个工作日内将电站设备运行数据接入光伏云网平台，客户可在“网上国网”App随时查看电站近7日发电量、发电功率及设备运行情况。客户可选购运维包年服务和单次运维服务。

（8）售后服务。依托国网电商公司现有成熟的在线客服系统，实现客户售后服务支撑及保障，第一时间为客户解决问题，并最终完成售后服务流程闭环处理。

（二）主营业务

1.光伏成套系统和组合系统的售卖及服务

主要为客户提供建站咨询、方案设计、设备采购、施工安装、并网接电、电费结算、监测运维、光伏金融、光伏保险一站式服务和全生命周期管理。

2.光伏单品及配件的售卖

为客户提供光伏组件、逆变器、支架、并网箱、线缆等产品。

3.光伏电站运维服务

通过国网光伏云网平台，为客户提供光伏电站智能化运维服务。

二、产品管理

（一）选品管理

江苏公司对光伏产品的选品依循质量原则、品牌导向原则、多样化原则、服务保障原则，选择质量高、知名度高、满足不同类别客户需求、售后服务优质的产品。产品品类涵盖不同客户类别不同场景的应用需求。

（二）供应商管理

江苏公司制定完善的供应商全生命周期管理流程。通过市场调研、企业经营状况核实等进行供应商选择；设计供应商评价指标体系，对供应商进行评价；建立供应商准入和退出管理机制，制定供应商采购标准并执行；制定供应商结算机制，明确结算方式及周期，确定结算数据确认方式等。

三、营销推广

1.活动规划与设计

内部渠道宣传：充分利用公司官网、95598网站、电网头条、爱如电、各省微信公众号、网上国网“e享家”、电e宝等平台进行推广。宣传文案及材料由国网电商公司负责，公司官网、95598网站、网上国网、电网头条、爱如电等宣传渠道由国网电商公司负责协调；省公司官网、省微信公众号等宣传渠道由省电力公司负责协调。

外部渠道宣传：充分利用光伏网站、抖音、快手以及省市广播、省市电视台、报纸等媒体进行推广。宣传文案及宣传视频等由国网电商公司负责设计制作，光伏网站、抖音、快手等大流量平台由国网电商公司负责协调对接，省市广播、省市电视台、新闻报纸等由省电力公司负责协调沟通。

2.活动实施流程

电管家联合社区物业公司、居委会、村委会开展“国家电网助力清洁能源进万家”专项推广活动，属地运营运维中心提供支撑。现场为客户发放“e享家”光伏服务宣传折页，介绍光伏发电基本知识、户用光伏现行政策、投资收益回报和“e享家”光伏服务优势，指导有意向客户在“网上国网”App进行服务预约，“e享家”平台安排专职电管家和运营运维中心工作人员共同为客户建站勘察，办理建站业务。

四、激励机制

（一）激励方式

为了加快能源电商“e享家”光伏服务实施落地，进一步提升新零售各环节参与者的积极性，在符合国家法律法规、公司管理规定的基础上，江苏公司建立正向激励机制。省公司组织农电工及营业厅、供电所业务人员在平台注册成为电管家，客户完成线上设备采购及并网后，国网电商公司对电管家带单行为进行返现奖励。

（二）激励政策

电管家引导客户通过“e享家”下单采购完成并网后，国网电商公司按月统计交易订单信息，按照交易金额的一定比例分别给电管家和台区经理进行返现，通过电管家和台区经理所属的农电服务公司发放。

第五节　能源金融新零售业务

一、业务介绍

（一）主营业务

能源金融新零售的主营业务包括财产损失保险、责任保险、信用保险、保证保险、人寿保险、健康保险、意外伤害保险等保险业务以及证券、期货、基金等综合性金融理财服务业务。

（二）运营模式

为确保能源金融新零售项目有序开展，加强组织和制度保障，建立领导组、管理组和执行组三大专项工作机构。

能源金融新零售专项领导组：主要由省电力公司营销部、省英大集团各金融单位的领导组成，负责制定相关工作规定及制度，统筹规划公司能源金融新零售项目工作；全过程组织、管理，整体把控项目质量和进度，定期听取项目进展汇报，协调解决项目相关重大问题；整合人、财、物等相关资源配置，集中组织开展项目推进和指导工作。

能源金融新零售专项管理组：主要由省市电力公司项目负责人、省市英大集团各金融单位项目负责人组成，负责贯彻落实能源金融新零售领导小组的各项工作部署，制定各项具体实施方案，推进各阶段工作；定期组织月度工作例会；跟踪各项经营指标，指导执行组有序开展能源金融新零售各阶段工作。

能源金融新零售专项执行组：主要由供电所所长、营业厅负责人、区县英大集团各金融单位项目负责人组成，负责按照推广手册工作要求，在供电所或营业厅管理电管家日常工作，督导提升各项经营指标，组织开展电管家的培训，定期向管理组汇报工作进程及销售数据，组织开展每周工作总结、月度推进会、辅导电管家跟进售前售后服务。

各单位在能源金融新零售专项领导组统筹下开展工作，省电力公司和市县供电公司结合供电营业厅和供电所的实际情况，组织电管家参加金融业务培训，提供培训场地支持；英大集团结合新零售供电营业厅金融产品销售场景、客户属性及市场需求等因素，提供产品开发、营销活动、人员培训支持。线上通过“e享家”金融专区与英大集团各金融单位自媒体等线上平台独立或联合举办营销活动吸引客流。线下通过营业厅金融保险专区引流和电管家邀约，定期开展健康养生、金融知识讲座等营销活动，服务目标客户。能源金融新零售运营工作具体围绕以下五个方面展开：

一是培养一支高效的能源金融新零售电管家财务顾问队伍。培训管理工作是项目重要的技术支撑，为确保项目有效推进，提高电管家的综合素质和专业技能，促进公司和员工共同发展提高，开展常态化、制式化的销售能力和金融知识培训，持续强化队伍提供金融保险服务的能力。

二是充分发挥电管家社群推广优势，直接面向客户进行金融产品推广。融合电动出行和智慧电器产品特点，将金融保险产品嵌入到电动汽车和智慧电器销售流程，如在营业厅电动汽车销售中增加车辆保险和长期驾乘险产品的宣传及购买介绍，在智能家电销售中增加用电安全险产品介绍等，以拉动电动车和电器的销售。延伸开展客户保险保障、 资产财富管理等服务，满足客户多元化金融需求。

三是开展丰富多样，具有市场吸引力的营销活动。线上举办抽奖、赠险等活动；线下开展健康健身、养老养生、金融理财知识讲座、亲子、小型文娱、美食美酒等客户乐于参与的各类活动，制造话题，拉进客户距离，提升成交概率。

四是大力推广“e享家”和英大金融品牌。充分利用电力营业厅分布广泛的优势，在电力营业厅做到“e享家”和英大金融品牌高频露出，在营业厅多媒体电子屏嵌入英大集团各金融单位介绍、金融产品电子海报及产品购买流程介绍等内容。

五是着力打造一批能源金融新零售示范营业厅。在省市公司组织下，在市场基础较好的地区，选择服务营销能力较强的供电营业厅和当地英大集团金融单位结成对子，持续打磨合作运营模式，提炼电管家财务顾问培育和客户开发经验，逐步向全范围推广。

二、产品管理

（一）选品管理

能源金融新零售产品品类主要集中在投融资、保险保障和资产财富管理等三个方面，包括保险、信托、证券、基金、融资租赁等产品。能源金融新零售产品选品应遵循新产品开发、方案制定、增值服务配置等过程中的涉电场景原则、比较优势原则及差异化原则。结合电动出行、智慧电器、消费扶贫和光伏服务销售场景，选择能够促进新零售产品销售和具有客户针对性的金融产品和服务，选择市场影响力大、客户口碑好的产品，同时针对不同地区省电力公司金融保险需求开发适合属地化销售的金融产品。

（二）供应商管理

能源金融新零售供应商是指中国境内（不包括香港、澳门、台湾地区）依法注册、有意愿服务国家电网公司新零售的各类金融机构，包括银行机构、保险公司、证券公司、基金公司、金融租赁公司、汽车金融公司、信托公司、期货公司、金融资产管理公司、经纪公司等金融机构，以及融资租赁公司、保理公司等类金融机构。

建立能源金融新零售供应商选择标准、供应商评价、供应商准入与退出机制，对于行业内负面新闻较多、市场环境变动频繁、行业风险隐患较大的金融机构或类金融机构不予准入。合作准入实行申请制与邀请制并行。申请制是指具有合作意愿的外部金融机构向英大集团发出合作申请，邀请制是指英大集团向具有合作空间的外部金融机构发出合作邀请。

三、营销推广

1.线上营销活动

国网内部平台资源共享推广。开展具有国网特色的线上营销活动，积极开展“e享家”品牌线上宣传，通过江苏省（市）公司和英大金融各单位的微信公众号平台开展活动宣传。采用电子信函活动、官网和公众号抽奖、活动积分赠送、话费赠送等活动方式推广，借助“网上国网”“i国网”等线上营销渠道，通过链接、飘窗等形式介绍旗下金融保险单位，宣传各单位主打产品，促进金融产品销售。

英大集团各金融单位自营平台推广。通过各金融保险单位的公众号和App，鼓励员工和电管家进行金融产品推广宣传，对于积极转发的客户给予一定的奖励和优惠。

英大集团与电商公司联合推广。通过互联网技术对接或H5页面产品宣传嵌入电商App进行联合推广，以健康幸福为主题，与国网电商公司联名推广专款血压计、血糖仪、可穿戴设备等产品，并开展相应的营销活动。通过微信公众号开展线上推广宣传以及公众号图文互推，同时通过官网添加电商公司链接或制作飘窗广告等方式推广英大金融服务产品。

英大集团与电动车公司合作提供保险套餐。在电动汽车公司网站及App上为购车者提供多样化的保险套餐。如充电保险套餐，为有效降低充电桩安装使用过程中的安全事故影响及充电桩自身损失，为充电桩所有者提供充电桩保险套餐，解决使用方和报装方的后顾之忧。

2.线下营销活动

由省（市）公司统一审核后，英大集团负责新零售产品宣传手册、电子展示材料的设计，省英大集团各金融单位负责宣传物料的制作、配送，市县供电公司负责物料摆放，用于宣传推广使用，开展厅内引流、厅外客户联谊等活动，增加客户粘性，对客户进行满意度调查和回访工作。

3.活动评估与总结

每次活动结束，及时召开相关会议策划组织人员沟通会，总结经验，分析不足，提出改进措施；并将相关工作要求在周例会中向电管家传达，不断提升营销推广活动的经营水平。从电管家的参与度和邀约客户的数量和质量方面评价活动举办人气和引流效果，从一周内电管家的销售额、开户数来评判活动的实际效果。

四、激励机制

（一）激励方式

英大集团各金融单位根据业务配置情况，设定统一、稳定的绩效激励机制。根据激励对象不同，激励方式分为销售绩效激励及荣誉激励两种形式。

（二）激励政策

1.销售绩效奖励

保险业务中，电管家取得金融保险销售资质后，以个人代理人形式推荐客户并协助客户完成保险产品投保，依据英大集团金融单位销售人员相关管理办法，每月按照金融保险销售业绩结算相应绩效奖励，直接发放至电管家个人银行账户。证券期货业务中，电管家以居间人形式介绍客户直接进行期货线上开户，则根据客户交易手续费净留存进行一定比例的提成并按月支付。电管家协助其余金融单位成功进行客户引荐的，由各金融单位在满足监管要求的前提下，灵活制定电管家营销激励方案。

2.荣誉激励

英大集团金融单位定期进行业务统计、汇总评比，各金融单位按照不同的业务达成量、客户服务好评度，有相应的销售能手、业务标兵等荣誉称号及物质奖励。例如：英大人寿经营体系中有“英才汇”荣誉体系。通过专业化经营和业务指标的达成，入围精神物质双重奖励的“英才汇”荣誉体系，时间维系得越久，荣誉价值越高。年底省电力公司对各供电所及电管家进行业务评定，省电力公司可统筹考虑主业开展情况和能源金融新零售销售情况分别给予供电所、营业厅及电管家表扬。

五、未来商业模式探索

充分发挥英大集团市场化培训、推广和管理能力，形成全方位的电管家和营业厅赋能支撑机制，提升电管家市场营销和服务水平，基于乡村供电所和电管家社群推广优势，与英大集团现有分支机构相融合，共同建立多层次、多维度，辐射市县市场的金融营销网络体系。培育打造电管家财务顾问队伍，通过线上线下多个渠道满足用电客户保险保障、资产财富管理等多元化金融需求。

（一）B2B 商业模式

通过开展线上线下营销活动和电管家财务顾问推广介绍，为经营充换电业务的客户提供充电桩充电安全责任险、充换电站综合保险、企财险，为电器设备供应商提供质量保证保险，为供应链客户提供投标保证保险，为企业客户提供团体人身险保障计划，服务相关投融资需求。

（二）B2C 商业模式

通过开展线上线下营销活动和电管家财务顾问推广介绍，为购置电动汽车客户提供交强险、商业车险，为城乡电气化客户提供家财险、电器延保险，为采购光伏设备客户提供光伏组件财产保险，为用电动车的客户提供人身意外伤害保险、健康保险、人寿保险产品，以及证券、期货、基金类产品，满足客户多元化金融服务需求。

通过对电力新零售智慧电器、电动汽车、消费扶贫、光伏服务和能源金融五大业务板块的案例分析可知，新零售不是某一种固定的零售模式，而是利用新技术、新理念、新方法，以目标客户群体为中心，通过给客户的每一个消费环节持续赋能，实现客户体验的最佳和运营效率的最优。和行业新零售落地相比，电网公司的新零售体系本身还不健全，和传统供电服务渠道没有打通，因此以上新零售场景案例分析旨在打通电力零售业务售前、售中、售后全环节，同时充分考虑全渠道融合、个性化营销、客户精准洞察、体验式零售、技术赋能和配送柔性等新零售理念，进行场景设计。新零售作为一项新型业务属于营销2.0设计范畴，更全面地和传统供电服务业务融合，需要充分利用各类渠道和客户资源，以消费者需求为导向，最终引领行业向更高效率、更优体验、更高性价比方向发展，最终受益的都是消费者，电力营销新零售变革殊途同归。